KB194996

계와 율, 우리가 지켜야 할 것들

2022년 12월 10일 초판 1쇄 발행

지은이 임상희

펴낸이 이규만
편집 상현숙
디자인 아르떼203

펴낸곳 불교시대사
출판등록 제1-1188호(1991년 3월 20일)
주소 서울시 종로구 인사동 7길 12 백상빌딩 1305호
전화 02-730-2500
팩스 02-723-5961
이메일 kyoon1003@hanmail.net

© 임상희, 2022

ISBN 978 89 8002 177 2 03220

- 값은 뒤표지에 있습니다.
- 이 책은 저작권법에 따라 보호받는 저작물이므로 무단전재와 복제를 금지하며,
- 이 책 내용의 일부를 이용할 때도 반드시 지은이와 본 출판사의 서면 동의를 받아야 합니다.
- 이 책의 수익금 중 1%는 어린이를 위한 나눔의 기금으로 쓰입니다.

戒律 Śīla Vinaya

임상희 지음

계와 율 — 우리가 지켜야 할 것들

불교시대사
1% 나눔의 기쁨

책을 내며

이 책은 2021년 『현대불교신문』에 연재한 '임상희의 계율 이야기'를 책으로 묶은 것입니다. '제1부 계율 이야기'는 일주일에 한 번 연재한 내용이고, '제2부 범망보살계 이야기'는 대승보살계를 설한 『범망경』에 대해 더 자세히 살펴보기 위해, 신라 시대에 명성을 떨쳤던 태현(太賢)의 『범망경고적기(梵網經古迹記)』에 근거해 새로 쓴 글입니다. 우리나라를 비롯한 동아시아에서 범망보살계의 위상은 상당히 높은 편이지만, 그 내용을 잘 모르는 경우가 많습니다. 이 책의 출판으로 계율뿐만 아니라 범망보살계에 대한 인식이 높아졌으면 합니다.

돌이켜보면 계율에 대한 연재를 요청받았을 때나 출판을 의뢰받았을 때, 약간 망설여지기도 했습니다. 그 망설임은 계율이 가지는 무게감 때문이었을 것인데, 계율은 연구의 영역이기도 하지만 동시에 실천의 영역이기 때문입니다. 다시 말해 아는 것에 머무르지 않고 반드시 행동으로 이어져야만 빛을 발하기 때문입니다.

그런데 막상 행동으로 옮기려고 하면 어떻게 행동해야 할지 모를 때도 있습니다. 이런 경우에 '내가 제대로 알고 있는 것인가'라는 생각이 들기도 합니다. 여러 사람의 이해관계가 복잡하게 얽혀 있는 경우에는 더욱 그렇습니다. 때로는 상처받기도 할 것이고, 때로는 좌절하기도 할 것입니다. 비록 좋지 않은 상황일지라도 남 탓만 한다면 우리에게 더 이상의 발전은 없을 것입니다.

우리에게 필요한 것은 바람직한 행동을 할 수 있도록 이끌어주는 지침인 '계(戒)와 율(律)'입니다. 계가 내면적 지침이라고 한다면 율은 외면적 지침이라고 할 수 있습니다. 우리는 두 지침으로 자신이 처한 상황에서 어떤 행동이 적절한지 판단할 수 있을 것입니다. 나아가 자기 자신보다 다른 이, 또는 많은 이들을 위한 행동을 선택하기 위한 지침은 보살계(菩薩戒)라고 할 수 있습니다. 어떤 상황에서든 많은 이들을 위한 행동을 선택할 수 있다면 더 바랄 나위가 없을 것입니다.

설령 지금 당장 많은 이들을 위한 행동을 선택할 수 없을지라도 자책하기보다 앞으로 그런 행동을 할 수 있는 사람이 될 수 있도록 끊임없이 노력해야 할 것입니다. 그런 결심과 노력을 하는 이들에게 이 책이 도움이 되었으면 합니다. 그동안 '계율 이야기'를 연재하고 책으로 출판되기까지 도와주신 모든 분께 감사드립니다. 특히 책의 출판을 적극적으로 권유하셨던 불교시대사 이규만 대표님께 깊이 감사드립니다. 마지막으로 늘 곁에서 응원해주시는 부모님께 고마운 마음을 전합니다.

2022년 11월

임상희 합장

차례

제2부 _ 범망보살계 이야기

제1부 — 겨울 이야기

【01】

계율은 결심이다

새해가 되면 늘 그렇듯이, 남녀노소를 불문하고 장밋빛 희망으로 새로운 결심을 한다. 지난해에 아쉬웠던 점들을 새해에 되풀이하지 않으려는 마음에서 여러 가지 계획을 세운다. 이를테면 건강을 위해 운동을 하거나, 체중을 줄이거나, 나쁜 생활습관을 고치거나, 외국어를 배우는 것 등이다. 그런데 이런 결심은 오래가지 못하고, 작심삼일(作心三日)로 끝나는 경우가 많다.

그렇다면 우리는 왜 새해 결심을 꾸준히 실천하지 못하는 것일까? 그 이유는 여러 가지이겠지만, 아마도 실천하기 힘든 목표를 세웠기 때문일 것이다. 다시 말해 비현실적인 목표를 세웠기 때문에 한두 번의 실천에 그치고 마는 것이다. 여기에 성급한 마음이 더해져서 몇 번의 시도로 예상한 결과가 나오지 않았다고 푸념하기도 한다. 해마다 번번이 실패하지만, 이런 결심이 반복되는 것은 우리 스스로 변화가 필요하다고 판단했기 때문일 것이다.

우리는 누구나 자신이 처한 상황에서 가장 좋은 것이 무엇인지를 판단할 수 있지만, 그동안의 경험과 습관으로 인해 그것을 쉽사리 실천하지 못한다. 예를 들면 체중을 줄이기 위해서는 폭식을 하지 말아야 하지만, 눈앞의 맛있는 음식을 쉽사리 거부하지 못한다. 이성적으로는 폭식해서는 안 된다고 생각하지만, 감성적으로는 맛있는 음식을 먹는 즐거움에 빠져 있다. 이런 경우에 대해 어떤 이는 이성적인 판단이 순간적인 감정이나 욕구에 압도당한 것이라고 한다. 또 다른 이는 이성적인 판단을 행동으로 옮길 만한 의지가 부족한 탓이라고도 한다.

그렇지만 불교적인 관점에서 본다면 이런 현상은 지극히 자연스러운 것이다. 불교 용어 가운데 습기(習氣, ⓢvāsanā)의 뜻을 알면 금방 수긍할 것이다. 애초에 아무런 향기도 없는 의복에 꽃의 향기를 옮기면 그 향기가 배어든다. 향기가 의복에 배어들듯이, 경험이 무의식(=알라야식)에 뭔가의 형태로 배어 들어간다. 그렇게 배어든 경험, 즉 경험의 잠복 형태가 바로 습기이며, 그것은 미래의 경험을 산출해간다. 이런 까닭에 우리의 결심은 깊숙이 숨어 있는 경험으로 인해 쉽사리 실천되지 못하는 것이다.

이처럼 새해 결심을 꾸준히 실천하기도 쉽지 않은데, 하물며 '부처님과 같은 깨달음'을 성취하려는 '큰 결심'을 실천하는 것은 어떻겠는가. 새해 결심과는 비교할 수 없을 만큼의 부단한 노력이 '큰 결심'을 실천하는 데 필요하다는 것을 쉽사리 짐작할 수 있다. 그러나 '천 리 길도 한 걸음부터'라고 하지 않았던가. 우선 우리 마음속에 깊숙이 새겨진 욕구에 압도당하지 않으려면 자기 통제력을 높여야만 한다. 이때 필요한 것이 바로 불교의 계율(戒律)이다. 왜냐하면 초심자(初心者)는 무의식중에

터져 나오는 본능적인 측면에 주의를 기울여서 '결심'을 되새겨야만 하기 때문이다. 이런 과정을 반복하면 결심은 습관이 되고, 그 이후로는 의식적인 노력 없이도 변화된 행동 방식을 유지할 수 있기 때문이다.

특히 불자가 수지(受持)해야 하는 오계(五戒), 즉 다섯 가지 금지사항도 '다섯 가지 결심'이라고 할 수 있다. 다시 말해 살생(殺生)하지 않겠다, 도둑질〔偸盜〕하지 않겠다, 사음(邪淫)하지 않겠다, 거짓말〔妄語〕하지 않겠다, 술을 마시지 않겠다고 결심하는 것이다. 이런 결심을 되새겨서 계속 반복한다면 어느새 습관이 되어서 별다른 주의를 기울이지 않아도 될 것이다. 물론 다섯 가지 결심을 꾸준히 실천하는 것은 현실적으로 그리 쉽지 않을 것이다. 그렇지만 부정적인 감정이 솟구치는 순간에 다섯 가지 결심을 되새긴다면, 적어도 악행(惡行)이라는 구렁텅이에 떨어지지는 않을 것이다.

어떤 일들이 우리 앞에 펼쳐질지 아직 모르지만, 새로운 결심으로 자기 삶을 긍정적으로 변화시켜나간다면 분명히 좋은 날이 될 것이다. 한 걸음 더 나아가 그 결심으로 인해 다른 이들의 삶을 풍요롭게 할 수 있다면 더할 나위 없이 좋을 것이다. 이런 바람직한 삶을 살아가기 위해서 우리는 '계율'을 잘 알아야 하며, 이를 꾸준히 실천해나가야 한다. 이런 과정을 통해 궁극적으로는 불자로서의 '큰 결심'이 실천될 수 있을 것이다.

【02】

도덕적 삶으로 완성되는 깨달음

불교에서도 다른 종교와 마찬가지로 도덕적 삶의 중요성을 강조하지만, 불자들은 그것을 대수롭지 않게 여기는 경우가 많다. 오히려 도덕적 삶을 강요하지 않는 것이 불교의 장점이라고 하거나, 도덕적 삶보다 종교적 목표를 달성하는 것이 급선무라고 단언하기도 한다. 그러나 불자의 궁극적 목표인 '깨달음'은 도덕적 삶을 통해 이루어지는 것이다. 따라서 진정한 불자라면 도덕적 삶, 즉 불자로서의 바람직한 삶이 어떤 것인지를 진지하게 고민해봐야 한다.

간혹 불교의 도덕이라고 할 수 있는 계율을 특정한 행동을 금지하는 것으로 여기기도 한다. 그렇지만 넓은 의미에서 본다면 계율(戒律)은 불자가 지켜야 하는 생활 규범이라고 할 수 있다. 또 출가자만 계율을 철저히 지켜야 하는 것으로 여기기도 하지만, 재가자도 일상생활 속에서 계율을 지키려고 끊임없이 노력해야 한다. 그런데 출가자든 재가자든 계율을 지켜야 한다는 강박감에 사로잡혀 자유롭지 못하다면 그것도 바람직하지 않은 것이다. 계율을 억압적인 것으로 인식해서 자신뿐만 아니라 타인의 행동을 제한하거나 구속해서는 안 된다. 그렇다면 어떻게 해야 계율을 잘 지킬 수 있을까? 이 물음에 대답하기 위해서는 계율의 의미와 성격을 이해해야 한다.

인도불교와 달리 동아시아 불교권인 중국 · 한국 · 일본의 불교에서는 계율을 한 단어로 사용하고 있다. 그렇지만 계(戒)와 율(律)은 같은 개념이라고 보기 어려우며, 그 어원과 의미에 차이가 있다. 우선 계(戒, ⓢśīla)는 시라(尸羅)로 음사(音寫)되기도 하는데, 그 의미는 '행위, 습관, 성격, 도덕' 등이다. 이를테면 청정한 습관을 정계(淨戒), 좋은 습관을 선계(善戒)라고 하며, 나쁜 습관을 악계(惡戒)라고 한다. 따라서 계는 마음과 몸에 청정하고 좋은 습관이 붙도록 노력하는 것이라고 할 수 있다. 반면에 율(律, ⓢvinaya)은 비나야(毘奈耶)로 음사되기도 하는데, 그 의미는 '제거하다, 훈련하다, 교육하다' 등이다. 따라서 율은 모든 잘못이나 악행(惡行)을 제거하는 것이라고 할 수 있으며, 점차 훈련이나 교육을 통해 잘못이나 악행을 금지하는 것으로 여겨진다. 이로 인해 율은 출가자의 공동체인 승단(僧團)의 생활 규칙으로 인식되고 있다.

이처럼 인도불교에서는 계와 율이 그 의미에 따라 달리 쓰이고 있지만, 율장(律藏)이 중국으로 전해져 한역(漢譯)되는 과정에서 그 구분이 모호해지게 되었다. 심지어 학처(學處, ⓢsikṣāpada)의 경우에도 산스크리트 원어가 다름에도 불구하고 계(戒)로 한역되기도 하였다. 그러나 학처는 율장에 전해지는 구체적인 조항을 가리키는 것이기 때문에 계조(戒條)라고 할 수 있다. 따라서 학처를 계라는 용어로 파악하는 것은 무리가 있으며, 그 의미상 율(律)에 가깝다고 할 수 있다.

계와 율은 의미뿐만 아니라 성격에도 차이가 있다. 계는 자발적인 측면이 강하지만 율은 타율적인 측면이 강하다. 계는 부처님께서 당시 외도(外道)들의 그릇된 행동을 비판하면서 제자들에게 가르친 것이어서 이를 어긴다고 해도 별다른 처벌을 받지 않는다. 반면에 율은 실제 수도(修道) 생활에서 구체적으로 정해진 공동체의 규칙이어서 이를 어긴 경우 그 경중(輕重)에 따라 처벌을 받는다. 이로 인해 계는 개인적이고 주관적인 성격을 띠지만, 율은 집단적이고 형식적인 성격을 띤다.

계는 자발적인 노력으로 지켜진다는 점에서 율과 구분되지만, 주관적인 판단으로 인해 현실과 타협하기 쉽다. 반면에 율은 강제적이고 획일적으로 적용된다는 점에서 계와 구분되지만, 시대 변화에 유연하게 대처하기 어렵다. 따라서 계율을 잘 지키려면 계와 율의 장·단점을 상호 보완해야만 한다. 다시 말해 도덕적 삶은 개인적인 차원의 자발적인 노력과 공동체 차원의 유연한 적용이 조화를 이루어야만 가능한 것이다. 이런 까닭에 불자다운 삶이란 그 균형감각을 잃지 않으려고 부단히 노력하는 것이리라.

【03】

계율, 어떤 게 있을까?

계율(戒律)이 불교도가 지켜야 할 생활 규범이라면, 계(戒)는 개인적 차원에 해당할 것이고 율(律)은 공동체 차원에 해당할 것이다. 당연히 공동체 차원에서 지켜야 할 생활 규범은 공동체의 구성원이 준수하지 않으면 안 되는 것이어서 권고라기보다는 의무에 가깝다. 한 개인이 불자가 된다는 것은 불교 교단(佛教教團)의 일원(一員)이 되는 것을 의미하기도 한다. 따라서 불교 교단의 구성원인 불자가 지켜야 하는 계에는 율의 의미도 어느 정도 포함되어 있다고 할 수 있다.

불교 교단의 구성원은 크게 재가자(在家者)와 출가자(出家者)로 나뉘며, 이에 따라 재가계(在家戒)와 출가계(出家戒)라는 명칭이 붙는다. 당연히 출가공동체 생활을 하는 출가자가 지켜야 할 생활 규범이 세속 생활을 하는 재가자의 생활 규범보다 훨씬 많을 수밖에 없다. 재가계는 재가자의 성별에 따라 우바새계(優婆塞戒)와 우바이계(優婆夷戒)로 나뉘는데, 이는 남성 신자인 우바새(優婆塞)와 여성 신자인 우바이(優婆夷)가 지켜야 하는 계이다.

출가계는 사미계(沙彌戒), 사미니계(沙彌尼戒), 식차마나계(式叉摩那戒), 비구계(比丘戒), 비구니계(比丘尼戒) 등으로 세분된다. 사미계와 사미니계는 사미(沙彌)와 사미니(沙彌尼)가 지켜야 하는 계이다. 예전에는 20세 이전의 소년·소녀 출가자를 각각 사미·사미니라고 했지만, 지금은 구족계를 받기 이전의 출가자를 가리킨다. 식차마나계는 식차마나(式叉摩那), 즉 출가는 했지만 비구니계를 받지 않은 기혼 여성 출가자가 최소한 2년 동안 지켜야 하는 계이다. 그 이유는 결혼했던 사람은 임신의 가능성이 있으며, 만일 임신했다면 출산해서 갓난아이를 키우는데 최소한 2년 정도의 시간이 필요하다고 여겼기 때문이다. 비구계와 비구니계는 남성 출가자인 비구(比丘)와 여성 출가자인 비구니(比丘尼)가 지켜야 하는 계이다. 특히 비구계와 비구니계는 정식으로 완비된 것이라는 의미가 붙여져서 구족계(具足戒)라고도 부른다. 이처럼 일곱 부류의 구성원이 지켜야 하는 계를 칠중계(七衆戒)라고 한다.

칠중계는 불교 교단의 구성원에게 부여된 일종의 종교적 의무라고 할 수 있다. 우선 재가자인 우바새와 우바이는 오계(五戒)와 팔재계(八齋戒)를 지켜야 할 의무가 있다. 다음으로 사미와 사미니는 십계(十戒)를, 식차마나는 육법계(六法戒)를 지켜야 할 의무가 있다. 마지막으로 비구와 비구니는 각각 이백오십계(二百五十戒)와 삼백사십팔계(三百四十八戒)를 지켜야 할 의무가 있다. 비구계와 비구니계가 엄청나게 많은 것은 비구와 비구니가 다른 구성원의 모범이 되어야 한다는 인식 때문일 것이다. 실제로 초기불교 이래 부파불교에 이르기까지의 전통적 승가(僧伽)를 말할 때는 구족계를 받은 출가자인 비구와 비구니만을 가리켜왔다.

이런 의무가 불교 교단의 구성원에게 부여된 것은 우선 악을 행하지 않게 하려는 의도에서이다. 이를 지악계(止惡戒)라고 하며, 율의(律儀)라고도 한다. 다시 말해 불자에게 부여된 최소한의 의무는 어떤 상황에서도 악을 행하지 않는 것이다. 설령 부정적인 감정에 사로잡혔다고 할지라도 그것을 알아차리는 순간에 멈추어야 한다. 다음으로 악행을 하지 않을 뿐만 아니라 선행을 장려하는 것을 작지계(作持戒), 또는 작선계(作善戒)라고 한다. 이처럼 초기불교나 부파불교의 계는 악을 행하지 않고 선을 행하는 것을 의미한다.

그렇지만 대승불교(大乘佛教)에서는 초기불교나 부파불교에서 설하는 계를 성문계(聲聞戒) 또는 소승계(小乘戒)로 부르면서 비판한다. 대승불교에서는 출가와 재가를 구분하기보다 보살인지 아닌지를 구분하기 때문이다. 대승불교에서는 자리행(自利行)뿐만 아니라 이타행(利他行)을 적극적으로 실천하는 보살을 이상으로 삼는다. 따라서 대승불교 경전에 설해진 대승계(大乘戒)는 대승 보살이 실천해야만 하는 종교적 의무라고 할 수 있다.

【04】

불자의 첫걸음, 삼귀의와 오계

불자가 되기 위한 첫걸음은 삼보(三寶), 즉 불보(佛寶)·법보(法寶)·승보(僧寶)에 귀의하는 것이다. 다시 말해 삼귀의는 부처님, 부처님의 가르침, 부처님의 가르침을 실천하는 승가(僧伽)에 귀의하는 것이다. 어떤 이는 삼귀의를 형식적으로 받아들여 자신의 이익이나 안위를 위해 종교적 신념을 저버리기도 한다. 그러나 불자라면 그런 유혹에 흔들리지 않아야 하고, 불자로서의 정체성을 유지하기 위해 최선을 다해야 한다.

삼귀의를 삼귀의계(三歸依戒) 또는 삼귀계(三歸戒)라고도 하지만, 삼귀의가 계로 정해진 것은 일본불교의 영향이라고 할 수 있다. 조동종(曹洞宗)의 도겐(道元) 선사가 십육조계(十六條戒)의 보살계(菩薩戒)를 정했는데, 이것은 삼귀계(三歸戒)와 삼취정계(三聚淨戒)와 십중계(十重戒)를 합한 것이다. 삼귀의는 계라기보다는 불자로서의 정체성을 갖게 하는 종교적 맹세라고 할 수 있다.

삼귀의는 불자가 갖추어야 할 기본 요건이며, 오계(五戒)를 받아서 실천해야 진정한 불자라고 할 수 있다. 다시 말해 지극한 신심으로 삼보에 귀의해야만 비로소 오계를 받을 자격이 생긴다. 『증지부경전(增支部經典)』에서는 '부처님께 귀의하고, 법에 귀의하고, 승가(僧伽)에 귀의한 사람'을 우바새(優婆塞)라고 하며, 오계를 받으면 구계(具戒)의 우바새라고 설한다. 『중아함경(中阿含經)』에도 '목숨이 다할 때까지 삼보에 귀의한 사람'이 우바새이며, '살생(殺生) · 투도(偸盜) · 사음(邪婬) · 망어(妄語) · 음주(飮酒)를 떠난 사람'이 구계(具戒)의 우바새라고 설한다.

오계는 다섯 가지 계, 즉 불살생(不殺生), 불투도(不偸盜), 불사음(不邪婬), 불망어(不妄語), 불음주(不飮酒)이다. 표면적으로는 다섯 가지 악행을 '해서는 안 된다'는 타율적인 금지 명령의 형태로 되어 있지만, 내면적으로는 타인의 명령으로 악행을 멈추는 것이 아니라 스스로가 악을 멈출 것을 맹세하는 것이다.

첫 번째의 불살생계(不殺生戒)는 살생을 해서는 안 된다는 계이며, 이는 생물을 죽이는 것이 나쁜 것임을 깨닫고 살생하지 않겠다고 결심하는 것이다.

두 번째의 불투도계(不偸盜戒)는 도둑질해서는 안 된다는 계이며, 이는 남이 주지 않는 물건을 갖는 것이 나쁘다는 것을 깨닫고 훔치지 않겠다고 결심하는 것이다.

세 번째의 불사음계(不邪婬戒)는 사음해서는 안 된다는 계이며, 이는 부부 이외의 부정한 성관계인 사음(邪婬)을 하지 않겠다고 결심하는 것이다.

네 번째의 불망어계(不妄語戒)는 거짓말을 해서는 안 된다는 계이며, 남을 거짓으로 속이는 것뿐만 아니라 자신의 마음을 속이는 것을 하지 않겠다고 결심하는 것이다. 거짓말을 하는 것은 깨달음에 이르는 지혜의 실현을 방해하기 때문이다.

다섯 번째의 불음주계(不飮酒戒)는 음주를 해서는 안 된다는 계이며, 이는 곡물로 만든 술, 과일로 만든 술, 알코올 성분이 있어 취하게 하는 음료류를 마시지 않겠다고 결심하는 것이다.

오계 가운데 불음주계를 제외한 네 가지 계는 부처님 당시에 불교뿐만 아니라 다른 종교에서도 중시되었다. 『선생경(善生經)』에서는 부처님께서 선생장자(善生長子)에게 살생, 투도, 사음, 망어를 네 가지 '결업(結業)'이라고 설한다. 아울러 이들 악업을 떠나게 될 때 현세에서는 지혜 있는 이에게 칭찬받고, 목숨을 다한 내세에는 천상의 좋은 곳에 난다고 설한다. 또 재산을 탕진시키는 첫 번째 행위로 음주에 탐닉하는 것을 들고 있다. 『숫타니파타』에서는 술에 탐닉하는 것은 멸망으로 가는 첩경이라고 설할 뿐만 아니라 음주를 자제하는 것을 찬탄하고 있다.

다른 종교와 달리 불교에서 불음주계를 첨가한 것은 음주로 인한 폐해를 심각하게 인식했기 때문일 것이다. 음주는 나태와 게으름의 원천일 뿐만 아니라 음주에 탐닉하는 것은 재산을 탕진하는 행위이기도 하다. 나아가 술에 취하면 자제심을 잃어 악행을 저지르기 쉬우며, 과음하면 건강을 해치게 된다. 다시 말해 음주는 복을 깎아내는 원인이 되기 때문에 자제해야 한다.

【05】

오계, 다섯 가지 모두 철저히 지켜야만 하나?

삼귀의를 한 불자라면 수계(受戒)라는 의식을 통해 법명(法名)을 받는다. 이 의식에서는 오계(五戒), 즉 다섯 가지 행동을 하지 않을 것을 공개적으로 맹세한다. 어떤 이는 계를 받아서 형식적으로 지키는 것보다 자발적으로 선행을 하는 편이 낫다고 말하기도 한다. 그렇지만 계를 받아서 지니겠다는 마음속의 굳은 의지를 공개적으로 드러내야만 꾸준히 실천할 수 있다. 다시 말해 수계는 계를 지키겠다는 자발적인 의지에, 계를 지켜야 한다는 의무감을 더하는 과정이라고 할 수 있다.

일부 부파(部派)에서는 계를 받고 지키겠다고 서원할 때 계체(戒體)가 획득된다고 한다. 다시 말해 계를 지킬 것을 스스로 결심하고 맹세할 때 그릇됨을 막아주고 악을 멈추게 하는 힘이 생긴다는 것이다. 그 힘으로 인해 악으로부터 자신을 지켜낼 수 있을 뿐만 아니라 선을 행할 수 있다는 것이다. 이를테면 충동적인 감정으로 인해 살생하려고 할 때, 마음속의 보이지 않는 힘으로 그런 행동을 멈추게 된다는 것이다. 그리고 오계에 기한을 설정하지는 않지만, 평생 지킬 각오로 계를 받기 때문에 '목숨이 다할 때까지'라는 뜻이 담겨 있다.

부처님 당시에는 삼귀의를 함으로써 우바새가 될 수 있으므로 반드시 오계를 받을 필요는 없었다. 그렇지만 열렬한 우바새는 삼귀의를 한 후에 다시 오계를 받고 '구족(具足)의 우바새'가 되어 수행했다. 오계 가운데 불사음계(不邪婬戒)는 부부 이외의 성관계를 금하는 것이지만, 우바새 가운데서도 성관계를 완전히 단절한 범행(梵行)을 지키는 이가 나왔다. 우바새가 불법(佛法)을 깊게 이해하여 마음의 새로운 지평을 열면 예류과(預流果)에 도달하여 성욕이 없어진다. 이런 범행을 지키는 우바새를 '단음(斷婬) 우바새'라고 부르며, 대표적인 인물로는 욱가장자(郁伽長者)를 꼽을 수 있다. 이처럼 초기불교 시대에는 삼귀의를 한 우바새, 삼귀의를 하고 오계를 받아 지키는 구계의 우바새, 범행을 지키는 단음 우바새가 있었다.

대승불교에서는 이전과 달리 오계의 실천에 다소 유연한 입장인데, 오계의 분수(分受)를 인정한다. 다시 말해 오계 전부를 받지 않고 일부만을 선택해서 받는 것이다. 『대비바사론(大毘婆沙論)』에서는 다섯 종류의 우바새, 즉 오계 가운데 한 가지 계만을 받는 일분행(一分行) 우바새, 두 가지 계를 받는 소분행(小分行) 우바새, 세 가지 계 또는 네 가지 계를 받는 다분행(多分行) 우바새, 전부를 받는 만분행(滿分行) 우바새, 오계를 받고 난 후에 범행을 서약한 단음 우바새가 있다고 설한다. 이는 오계 전부를 지키는 것이 바람직하지만 그것을 실천할 수 없는 이는 일부만이라도 받아 지키도록 한 것이다. 오계 전부를 지키는 것이 이상적이지만 그것이 어렵다면 하나만이라도 지킬 것을 요구하는 것이다.

반면에 『십주비바사론(十住毘婆沙論)』에서는 '재가신자에게 오계법(五戒法)이 있는데, 이를 마음속에 깊이 굳게 받아 지녀야 하며, 목숨을 잃는 일이 있더라도 오계를 파(破)해서는 안 된다'고 설한다. 오계의 일부를 지키는 것을 인정하지 않으며, 오계 전부를 반드시 지켜야 할 것을 강조하는 것이다. 오계의 일부를 지키는 것을 허용한다면 오계의 의미가 퇴색된다고 여겼기 때문일 것이다.

오계의 실천에 대한 엇갈린 입장은 재가자의 다양한 종교적 욕구를 수용한 것으로 볼 수 있다. 일부의 재가자는 재가자가 지켜야 할 수준 이상으로 오계를 지키지만, 일부는 하나의 계조차도 지키기 어려워한다. 만약 오계 전부를 철저히 지켜야 한다는 이상론을 고집한다면 오계를 받는 것을 꺼릴 수도 있다. 반면에 오계 가운데 하나라도 자신의 상황이나 여건에 맞추어 지켜도 된다고 한다면 계 자체를 가볍게 여길 수도 있다. 따라서 재가자는 원칙적으로 오계 전부를 지켜야 하지만, 부득이한 경우에는 융통성을 발휘해야 할 것으로 여겨진다.

【06】

의도적으로 생명을 해치지 말라

오계 가운데 첫 번째인 불살생계는 불교뿐만 아니라 힌두교와 자이나교 등에서도 중요하게 여긴다. 불살생계는 모든 생물의 살생, 살생의 원인 제공 또는 살생을 허용하는 행위를 하지 않는 것이다. 여기서 생물은 아주 작은 벌레부터 인간에 이르기까지 생명을 가진 모든 것을 가리킨다. 구체적으로는 불교용어 가운데 유정(有情, ⓢsattva)에 해당하며, 초목이나 산천 등을 가리키는 비정(非情)은 해당하지 않는다.

그런데 불교에서는 자이나교와 달리 극단적인 불살생계의 실천을 권장하지 않으며, 양극단을 피하는 중도(中道)를 강조한다. 또 불교에서는 무의식적으로 벌레를 밟아 죽이는 것보다 의도적으로 벌레를 밟아 죽이는 것을 더 나쁜 것으로 여긴다. 다시 말해 불가피한 살생 행위보다 의도적인 살생 행위를 더 바람직하지 않은 것으로 여긴다. 그 이유는 어떤 행위의 선악은 행위의 '의도'에서 비롯된다고 보기 때문이다. 따라서 불살생계는 모든 생물, 즉 살아 있는 생명에 대한 의도적인 살생 행위를 삼가는 것이다.

살생 행위는 여섯 가지 방법으로 행해질 수 있다. 첫 번째는 직접 살생하는 것이고, 두 번째는 타인에게 살생하도록 하는 것이다. 세 번째는 화살이나 총을 쏘거나 수류탄 또는 돌 등을 던져서 살생하는 것이다. 네 번째는 함정을 파거나 덫을 사용하여 살생하는 것이다. 다섯 번째는 진언이나 마술로 살생하는 것이다. 여섯 번째는 마력(魔力)이나 영력(靈力)으로 살생하는 것이다.

이외에 살생 행위를 구성하는 다섯 가지 조건을 제시하기도 한다. 첫 번째는 살아 있는 생명, 두 번째는 그 존재가 생명체라는 인식, 세 번째는 살생하려고 하는 의도, 네 번째는 적절한 방법에 의한 살생 행위, 다섯 번째는 살생 행위에 따르는 실제 죽음이다. 아울러 살생에 따른 죄의식의 정도는 살생 행위가 이루어진 상황과 희생물의 크기와 지적 정도에 달려 있다. 다시 말해 동물보다는 인간을, 작은 동물보다는 더 크거나 많이 발전한 동물을 죽이거나 해를 입히는 것을 더 나쁘게 여긴다.

그러나 의도적인 살생 행위를 삼가는 것만으로 살생 행위를 막을 수는 없다. 누군가로부터 지속적인 괴롭힘이나 갈등이 있으면 마음속에 불건전한 의도가 생기지 않을 수 없다. 이런 상태가 계속된다면 사소한 말다툼으로 인해 불미스러운 일이 발생할 수도 있다. 다시 말해 불건전한 의도를 가지면 불살생계를 지키기 어렵다. 그러므로 불살생계를 지키기 위해서는 긍정적인 덕성인 자애〔慈〕와 연민〔悲〕을 계발해야 한다. 모든 중생을 향한 자애심으로 충만하다면 살생의 주요 원인인 분노를 제거할 수 있으며, 타인에 대한 연민이 생긴다면 폭력의 욕구가 사라질 수 있다. 다시 말해 자애와 연민이 충만해진다면 다른 존재에 대한 살생 행위나 폭력 행위를 예방할 수 있을 것이다.

영국의 불교학자인 피터 하비(Peter Harvey)는 '각각의 계율은 삼감으로써라는 부정적 언어로 표현되지만, 그것을 지키는 사람은 점차 불선(不善)한 행위의 뿌리가 약해짐에 따라 긍정적 덕성을 표현하게 된다'고 설명한다. 그는 '불살생계의 긍정적인 상대(相對)는 친절함과 자비로 다른 사람들의 행복을 걱정해 주기 위한 것'이라고 한다. 다시 말해 불살생계를 실천하는 사람은 점차 살생하려는 의도가 약해져서 자애와 연민으로 다른 존재의 행복을 걱정하게 된다는 것이다. 이런 의미에서 본다면 불살생계를 실천한다는 것은 표면적으로는 의도적인 살생 행위를 삼가는 것이지만 궁극적으로는 살아 있는 모든 생명의 행복을 바라는 것이다.

【07】

훔치지 말라

오계 가운데 두 번째인 불투도계(不偸盜戒)는 도둑질하지 않는 것, 즉 훔치지 않는 것이다. 대체로 훔친다는 것은 물질적인 것을 허락 없이 가져가는 것으로만 생각하지만, 타인의 권리를 침해하는 것, 타인의 일에 대해 쓸데없이 참견하는 것, 시간 낭비 또는 책임 회피 등과 같은 비물질적인 것도 포함될 수 있다. 다시 말해 물질적인 것이든 비물질적인 것이든 자신에게 주어지지 않은 것을 취하는 것은 모두 '훔치는 행위'이다.

훔치는 행위는 여러 가지 방식으로 이루어질 수 있다. 직접 훔칠 수도 있고, 다른 사람을 시켜서 훔치게 할 수도 있고, 마력이나 주문을 사용할 수도 있다. 또 상대방에게 귀속되어야 할 것을 기만하여 가로채기도 하고, 상대방에게 중량이나 치수를 속여서 부당한 이익을 취하기도 한다. 이외에 도둑맞은 것에 대해 적절한 것 이상으로 보상을 요구하기도 하고, 필요 이상으로 보시를 받기도 한다.

훔치는 행위에 다섯 가지 조건이 충족된다면 불투도계를 어긴 것이 된다. 첫째는 취해진 물건이 '남의 것'이라는 사실이다. 둘째는 취하려는 것이 '남의 것'이라는 사실의 인식이다. 셋째는 훔치려고 하는 '의도'이다. 넷째는 훔치기 위한 어떤 방법이나 노력의 사용이다. 다섯째는 실질적인 물건의 획득이다. 어떠한 수단이 이용되든지 간에 소유주의 동의 없이 그것을 취한다면 반드시 응보(應報)적 업보(業報)가 따른다.

도둑질에 대한 죄의식과 이 죄로 인한 업과(業果)의 정도는 취해진 물건의 가치와 원래 주인의 미덕에 따라 달라진다. 다시 말해 훔친 물건이 귀한 것일수록 죄는 무거워지며, 미덕을 갖춘 이로부터 훔치는 것이 그렇지 못한 자로부터 훔치는 것보다 더 큰 죄가 된다. 도둑질로 인한 업보는 오랫동안 불안한 상태로 고통받을 것이며, 설령 다른 선업(善業)으로 인해 인간으로 다시 태어날지라도 가난할 것이며, 부자가 되더라도 그 부(富)를 지킬 수 없을 것이라고 한다.

도둑질은 인간의 선한 마음을 해치는 세 가지 번뇌〔三毒〕가운데 하나인 '탐욕'으로부터 비롯된다. 남의 떡이 커 보인다는 속담이 있듯이, 우리는 자신이 가진 것보다 남이 가진 것을 더 눈여겨보는 경향이 있다. 또 아흔아홉 섬 가진 사람이 한 섬 가진 사람의 것을 마저 빼앗으려 한다는 속담이 있듯이, 많은 것을 가진 사람일수록 재산에 대한 탐욕이 더욱 크다. 이처럼 탐욕은 제어하지 않는다면 점점 더 커지기 때문에 불교에서는 탐욕을 무엇보다 강하게 경계한다.

탐욕으로 인해 야기되는 도둑질을 하지 않으려면 너그러움이라는 특성을 계발하여 탐욕을 가라앉힘으로써 훔치게 되는 원인을 차단해야 한다. 다시 말해 우리는 생멸변화(生滅變化)하는 것들에 대한 집착에서 벗어나야만 비로소 너그러운 마음을 가질 수 있다. 이런 까닭에 불교에서는 제행무상(諸行無常), 즉 조건에 의해 생겨난 모든 현상은 잠시도 고정됨이 없이 생멸변화함을 강조한다. 그렇지만 이런 이치를 몸소 체득하는 것은 그리 쉬운 일은 아니다. 때로는 일곱 빛깔의 무지개를 잡으려다가 허탈한 심정으로 주저앉을지라도 말이다.

너그러움에서 한 걸음 더 나아가 '관용'이라는 선한 성품을 갖게 된다면 자신의 소유물을 아낌없이 베풀거나 타인과 공유할 수 있을 것이다. 탐욕이 무언가를 끊임없이 가지려고 하는 것이라면 관용은 무언가를 나누려고 하는 것이다. 그런데 관용의 실천은 하루아침에 이루어질 수 있는 것이 아니어서 끊임없는 노력이 필요하다. 왜냐하면 우리는 탐욕에서 근원한 이기심으로부터 결코 자유로울 수 없기 때문이다. 이런 의미에서 본다면 불투도계를 실천한다는 것은 표면적으로는 주어지지 않는 것을 취하지 않는 것이지만 궁극적으로는 탐욕을 제어할 수 있게 해주는 관용을 실천하는 것이다.

【08】

그릇된 음행을 하지 말라

오계 가운데 세 번째인 불사음계(不邪婬戒)는 사음해서는 안 된다는 것이다. 이 계는 그릇된 음행의 절제와 관련이 있다. 출가자는 원칙적으로 사원에서 독신의 삶을 살아야 하지만 재가자는 그렇지 않다. 이런 까닭에 재가자를 대상으로 규정된 이 계는 비도덕적인 성행위와 간음을 절제할 것을 요구한다. 결혼한 성인에게는 배우자 간의 성생활만 허용되며, 혼외의 성생활은 허용되지 않는다. 설령 결혼하지 않은 성인일지라도 불법적인 성행위는 허용되지 않는다.

어떤 이는 성적인 욕망이 인간의 가장 강한 본능이기 때문에 이것을 억누르는 것은 자연스럽지도 현실적이지도 않다고 한다. 그러나 성적인 충동이 주기적인 동물과 달리 인간에게 성적인 욕망은 지속적이다. 남성이나 여성에 대한 성적 집착은 결국 여성에 대한 남성의 의지 또는 욕망이거나 남성에 대한 여성의 의지 또는 욕망이다. 이런 의지나 욕망을 충족시키기 위해 비도덕적인 성행위를 한다면 그것은 악행일 수밖에 없다. 따라서 정신적 발전으로 성적인 욕망을 적게 할 필요가 있다. 다시 말해 성적인 욕망을 억누르는 것이 아니라 정신적 발전으로 그것을 절제해야 한다.

어떤 이는 출가자가 아닌 재가자에게 성적인 욕망을 절제할 것을 요구하는 것은 금욕적 삶을 강요하는 것이라고 말하기도 한다. 그러나 불교에서는 오욕락(五欲樂), 즉 다섯 가지 욕망이 주는 즐거움을 경계할 뿐만 아니라 감각적 쾌락에 빠지지 말아야 한다고 가르치고 있다. 다시 말해 다섯 가지 감각〔五感〕과 관계하는 다섯 가지 대상〔五境〕, 즉 시각적 대상, 청각적 대상, 후각적 대상, 미각적 대상, 촉각적 대상에 대한 탐닉을 금지한다. 특히 성적인 욕망으로 인한 부정한 성관계는 촉각적 대상에 대한 탐닉이라고 할 수 있다. 따라서 불사음계를 지키기 위해서는 다섯 가지 대상에 대한 탐닉을 직간접적으로 멀리해야 한다. 당연히 음란물을 보거나 듣거나 유포하거나 모방하는 등의 모든 행위를 하지 말아야 한다.

다섯 가지 대상에 대한 탐닉에서 벗어나기 위해서는 삼라만상의 무상(無常)함을 깨달아야 하지만 그것이 쉽지 않다. 가장 현실적인 대안은 대상에 대해 많은 것을 바라지 않고 만족하는 것, 즉 '적은 바람과 만족함'이다. 많은 이들이 오늘보다 나은 내일을 꿈꾸면서 지금 현재 상황에 만족하지 못한다. 지금이 최고의 상태가 아니라는 불만족한 느낌은 특정 대상에 대한 비정상적인 탐닉으로 이어지기도 한다. 이를테면 부모가 자식에게 과도하게 집착하거나, 스승이 제자에게 지나치게 간섭하거나, 남편이 아내에게 무언가를 끊임없이 요구하는 등이다. 이런 불만족한 상황은 정신적 고통으로 이어지기 쉬우므로 스스로에게나 타인에게 많은 것을 바라지 말아야 한다. 나아가 지금 현재 상황에 만족할 줄 알아야만 정신적으로 안정될 수 있다. 만족은 '최고의 부유함'이라고 하지 않았던가.

이런 의미에서 본다면 불사음계를 실천한다는 것은 표면적으로는 그릇된 음행을 절제하는 것이지만 궁극적으로는 본인의 배우자에게 만족하는 것이다. 다시 말해 배우자에 대해 만족한다면 혼외의 성생활을 절제할 수 있지만, 만족하지 않는다면 그릇된 음행으로 이어지기 쉽다. 따라서 배우자 간의 만족은 성적인 욕망에 대한 절제와 관련이 깊다고 할 수 있다. 아울러 부부간의 성행위를 감각적 차원이 아닌 정신적 차원에서 바라볼 필요가 있다. 성적인 욕망을 충족시키기 위한 육체적 행위가 아니라 서로 간의 교감을 위한 정서적 행위로 바뀌어야 한다. 이를테면 서로에 대한 불만을 쏟아내기보다는 만족감을 드러내거나, 서로를 따뜻한 시선으로 바라보면서 대화하거나, 늘 서로를 배려하는 것 등이다.

【09】

의도적인 거짓말을 하지 말라

오계 가운데 네 번째인 불망어계(不妄語戒)는 '망령된 말, 그릇된 말, 험악한 말'을 하지 않는 것이다. 이 계는 절제와 관련이 깊다. 앞의 세 가지 계(불살생계, 불투도계, 불사음계)가 육체적 행위에 대한 것이라면 이 계는 언어적 행위에 대한 것이다. 누군가에게 불건전한 의도로 정신적 혼란이나 고통을 일으키게 하는 모든 형태의 진실하지 못한 말을 하지 말아야 한다.

아직도 많은 이들이 누군가를 신체적으로 괴롭히는 것은 맹렬히 비난하지만, 언어적으로 괴롭히는 것은 대수롭지 않게 여긴다. 우리 주변에서 흔히 볼 수 있는 언어폭력은 한 사람의 영혼을 파괴하는 언어적 행위이다. 이를테면 상대방에게 의도적으로 거짓말, 이간질하는 말, 아첨하는 말, 흉보는 말, 깔보는 말, 거친 말, 헛된 말 등을 거리낌 없이 하는 것이다. 설령 상대방을 훈육하거나 교육한다고 하더라도 상대방에게 상처가 될 만한 말을 해서는 안 된다.

이 계에서는 진실하지 못한 말 가운데 특히 거짓을 말하는 행위를 금지한다. 다시 말해 거짓을 진실이라고 다른 사람에게 확신시켜서 진실을 은폐하는 행위를 해서는 안 된다. 불교학자인 하말라바 사다티사(Hammalava Saddhatissa)는 거짓말의 분명한 특징을 '거짓말은 속이려는 사람의 측면에서 볼 때, 말로써 다른 사람의 선(善)을 파괴하려는 노력'이라고 말한다. 이는 다른 사람들을 기만하려는 의도로 상대를 속이려는 말과 행의 의지라는 것이다.

거짓을 말하는 행위가 완결되기 위해서는 네 가지 조건이 충족되어야 한다. 첫째는 거짓 그 자체이며, 둘째는 기만하고자 하는 의도이며, 셋째는 기만하는 데 사용된 육체적 · 언어적 시도이며, 넷째는 메시지의 이해이다. 이 계를 어김으로써 야기되는 죄의식의 정도는 거짓을 말하는 행위에 의해 침해된 권익의 정도와 기만당한 이의 미덕에 따라 달라진다. 거짓을 말하는 행위로 인해 침해된 권익이 커질수록 죄의 무거움도 증가한다. 거기에 미덕을 갖춘 자에게 거짓말하는 것은 그렇지 못한 이에게 한 거짓말보다 더 큰 죄를 낳는다. 따라서 자신의 이익을 위해서나, 타인의 이익을 위해서나, 누군가의 이익을 위해서 거짓말하는 것은 정당화될 수 없다.

거짓말은 자신이나 타인, 또는 누군가에게 피해를 주기 때문이 아니라 그것으로 인해 진실이 가려지기 때문에 금지되는 것이다. 거짓말은 하면 할수록 눈덩이처럼 불어나서 나중에는 무엇이 진실인지 분간할 수조차 없게 된다. 이로 인해 상습적으로 거짓말을 하는 사람은 진실을 알 수 있는 능력을 상실하게 된다. 불교에서는 생로병사의 고통을 자각하는 한편 모든 사물을 있는 그대로 통찰할 것을 가르친다. 만약 거짓에 익숙해져 진실을 분별할 수 있는 능력이 사라져버린다면 어떻게 진리를 추구할 수 있겠는가?

이솝 우화에 나오는 '양치기 소년'을 통해 알 수 있듯이, 거짓말을 계속하면 나중에는 진실을 말해도 아무도 믿지 않게 된다. 그러므로 우리 불자들은 매사에 정직해야 하며, 어디서나 신뢰하고 의지할 만한 사람이 되어야 한다. 진실을 말하는 습성은 정확하게 사고하는 습성에 달려 있다. 정확히 생각하고 정확하게 말하려는 노력이 오랫동안 계속되어야 한다. 또 진실을 말하기 위해서는 거짓을 대할 때마다 그것이 가려져 있을지라도 밝혀낼 수 있어야 한다. 만약 어떤 사람이 정확히 생각하고 말하는 것에 익숙해진다면, 그는 분노를 느끼지 않게 될 것이다.

이런 의미에서 본다면, 불망어계를 실천한다는 것은 표면적으로는 의도적인 거짓말을 금지하는 것이지만 궁극적으로는 정직함을 추구하는 것이다. 자신의 마음속에서 거짓인 것을 진실로 받아들이지 않는다면 정직한 불자가 될 수 있을 것이다. 나아가 누군가에게 신뢰하고 의지할 만한 사람이 되어야만 불교의 가르침을 제대로 전할 수 있을 것이다.

【10】

술을 마시지 말라

오계 가운데 다섯 번째인 불음주계(不飮酒戒)는 부주의를 야기하는 술을 마시는 것을 절제하는 것이다. 어떤 이는 이 계를 앞의 네 가지 계보다 가볍게 여기며, 어떤 이는 이 계를 일상생활 속에서 잘 지킬 수 있을지 우려하기도 한다. 우선 기분 전환을 위해 가볍게 한두 잔의 술을 마시는 것에 대해서는 그다지 부정적이지 않다. 다음으로 좋은 인간관계를 유지하기 위해 어느 정도의 음주는 불가피하다고 여긴다. 오히려 한 방울의 술도 마시지 않겠다고 하는 태도가 더 부자연스럽다고 여긴다. 다시 말해 대체로 음주 행위 그 자체에 대해서는 별다른 거부감을 느끼지 않는 것이 현실이다.

그러나 술을 마시는 경우는 기쁨을 만끽할 때보다 슬픔을 가라앉히거나 아픔을 잊으려고 할 때가 훨씬 더 많다. 많은 이들이 상쾌한 기분을 얻거나 일시적이고 거짓된 행복감을 느끼기 위해 술을 마신다. 그렇지만 이런 상황이 반복되면 자신도 모르게 술에 중독될 수 있다. 따라서 이 계는 술뿐만 아니라 마약과 환각제 등과 같은 중독을 야기하는 모든 물질에 대한 금지라고 할 수 있다. 그 이유는 중독성 있는 물질을 상습적으로 복용함으로 인해 부주의하게 될 뿐만 아니라 악행의 근원이 되기 때문이다.

음주 행위나 마약의 복용 행위가 완결되어 계를 위반하는 데에는 네 가지 조건이 있어야 한다. 첫째는 술처럼 취하게 하는 모든 것이며, 둘째는 이것을 섭취하려는 의도이며, 셋째는 이것을 섭취하는 시도이며, 넷째는 실제로 이것을 섭취하는 것이다. 일부 경전에서는 병든 승려를 치료하기 위해 아주 적은 양의 술을 마시게 하는 것조차 금지한다. 비록 술의 양이 적을지라도 사람마다 취하는 정도가 다를 뿐만 아니라 중독의 우려가 있기 때문이다. 다시 말해 술이나 마약 성분이 들어 있는 약물이 질병을 치료하는 데 효력이 있어도 그것을 사용하는 데 신중할 필요가 있다는 것이다. 술을 마시거나 마약을 복용하게 되면 잠깐이라도 우리의 심신을 왜곡시켜 분별력과 경계심을 잃을 수도 있기 때문이다.

이처럼 음주 행위나 마약의 복용 행위를 금지하는 것은 이런 행위로 인해 파생되는 악행을 방지하기 위해서이다. 비록 음주 행위 자체가 죄가 되지 않을지라도 음주 행위나 마약의 복용 행위는 모든 죄의 원인이 될 수 있다. 무언가에 취한 상태에서는 제대로 판단할 수 없을뿐더러 자신의 의지대로 몸을 움직일 수도 없다. 이런 상태에서는 자신도 모르게 악행을 저지를 수 있으며, 나중에 자신의 잘못을 인정하려고 하지 않는다. 그 행동은 의도적인 것이 아니라 취중에 실수로 저지른 것이라고 변명하기도 한다. 따라서 고통스러운 상태에서 벗어나기 위해 술을 마시거나 마약을 복용해서는 안 된다.

불교에서는 삶의 고통을 회피하기보다는 오히려 삶 그 자체가 고통이라는 사실을 받아들여야 한다고 가르친다. 누구나 육체적이거나 정신적인 고통으로 괴로울 수 있지만, 그 고통은 영원한 것이 아니다. 따라서 진실한 불자라면 고통 속에서 허우적거리지 말아야 하며, 고통스러운 순간에도 정신적인 명료함과 차분함을 유지할 수 있어야 한다. 이런 삶을 살기 위해서는 자신의 내부와 주변에서 일어나는 모든 현상을 예리하게 인식하고, 사물 간의 관계를 주의 깊게 마음에 새겨야 한다. 다시 말해 팔정도(八正道) 가운데 정념(正念)을 실천할 수 있도록 노력해야 한다.

이런 의미에서 본다면, 불음주계를 실천한다는 것은 표면적으로는 중독을 야기하는 술을 마시지 않는 것이지만 궁극적으로는 늘 깨어 있는 삶을 사는 것이다. 나아가 우리 불자들은 삶의 고통으로 인해 무언가에 중독된 이들을 비난하기보다는 그런 상태에서 벗어날 수 있도록 도와주어야 할 것이다.

【11】

계를 지키지 못했다면?

오계의 실천은 표면적으로 다섯 가지 행위를 삼가는 것이지만, 궁극적으로 올바른 삶을 살아가기 위한 덕성을 계발하는 것이다. 다시 말해 오계를 실천함으로써 다른 존재에게 도움이 되어야 하며, 자신의 삶을 도덕적으로나 종교적으로 발전시켜나가야 한다. 그런데 계(戒)를 받을 때의 마음가짐이 오랫동안 유지되지 못하거나, 간혹 불가피하게 계를 지키지 못하기도 한다.

이런 경우에 진실한 불자라면 참회(懺悔), 즉 자신의 잘못을 깨닫고 깊이 뉘우쳐야 한다. 계를 받기 전에는 이전의 모든 잘못에 대해 깊이 뉘우쳐야 하며, 계를 받은 후에는 이전의 잘못을 반복하지 않겠다고 다짐해야 한다. 만약 자신의 잘못을 덮어 감추면서 변명하기에 급급하다면, 그 잘못은 계속 반복될 것이고, 그 죄는 더욱 증장(增長)할 것이다. 그러므로 자신의 잘못을 알아차렸다면 곧바로 그 잘못을 드러내어 뿌리 뽑아야 한다.

불교 교단에서는 정기적으로 참회 의식이 행해지는데, 그것이 바로 포살(布薩, ⓢuposatha)이다. 이는 부처님 당시 바라문교(婆羅門敎)의 종교행사였던 우빠와사타(upavasatha)에서 유래한 것이다. 불교에 도입된 포살은 동일 지역 내의 비구들이 보름마다 만나서 지난 보름 동안의 행위를 스스로 반성하며, 죄가 있다면 고백해서 참회하는 행사이다. 매달의 만월(滿月: 15일)과 신월(新月: 30일)이 되는 때에 바라제목차(波羅提木叉, ⓢprātimokṣa)를 외우는 것이 본래의 제도이다.

출가자와 달리 재가자는 공동체 생활을 하지 않기 때문에 포살의 의미와 방법이 다르다. 재가자의 포살은 육재일(六齋日)에 팔관재계(八關齋戒)를 자발적으로 수지(受持)하는 것이다. 다시 말해 재가자에게는 매달 8일, 14일, 15일, 23일, 29일, 30일에 팔관재계를 받아서 지키도록 장려하는 것이다. 이로 인해 팔관재계를 포살계(布薩戒)라고 부르며, 팔재계(八齋戒)나 팔계(八戒) 등으로 줄여서 부르기도 한다.

팔관재계의 원초적인 형태는 『숫타니파타』의 「다미카경」에 나온다. 즉 ①산목숨을 해쳐서는 안 되며, ②주지 않는 것을 취해서는 안 되며, ③거짓말을 해서는 안 되며, ④술을 마셔서는 안 되며, ⑤음사(婬事)인 부정한 행위를 여의어야 하며, ⑥밤에 때 아닌 식사를 해서는 안 되며, ⑦화환을 몸에 붙이거나 향수를 사용해서는 안 되며, ⑧땅 위에 편 자리에서만 자야 한다.

『중아함경(中阿含經)』에서는 팔관재계의 순서가 조금 다르지만 그 내용은 크게 다르지 않다. 즉 ①살생을 하지 말아야 하며, ②도둑질하지 말아야 하며, ③음행을 하지 말아야 하며, ④거짓말을 하지 말아야 하며, ⑤술을 마시지 말아야 하며, ⑥꽃다발로 자기 몸을 장식하지 말아야 하고, 노래와 춤을 보거나 듣지 말아야 하며, ⑦크고 화려한 침상에 눕지 말아야 하며, ⑧때 아닌 때에 먹지 말아야 한다.

이처럼 팔관재계는 오계에 세 가지 계를 더한 것이지만, 출가계의 성격을 띤다. 특히 오계 가운데 불사음계(不邪婬戒)는 팔관재계에서 불음계(不婬戒)로 바뀌는데, 평상시와 달리 재계하는 날에는 부부간의 성관계도 금지하기 때문이다. 늘 범행(梵行)을 지키는 단음우바새(斷婬優婆塞)에게는 해당하지 않겠지만, 다른 우바새들에게 재계하는 날만이라도 범행을 하도록 유도한 것으로 볼 수 있다. 불비시식계(不非時食戒)는 때 아닌 때〔非時〕, 즉 그날 정오부터 다음 날 해 뜰 때까지 먹지 말아야 하는 계이다. 불가무관청도식만향계(不歌舞觀聽塗飾鬘香戒)는 노래와 춤 등을 보거나 듣거나, 꽃이나 향으로 분장하고 장신구로 치장하지 않는 계이다. 불좌고상대상계(不坐高床大床戒)는 너무 크거나 높은 침상에 앉지 않는 계이다. 이 세 가지도 재가자가 평상시에 지키기 어려운 계이다. 따라서 팔관재계는 재가자에게 잠시나마 출가계 가운데 일부를 지키도록 한 것이라고 할 수 있다.

【12】

출가자의 계

칠중계(七衆戒) 가운데 출가자가 지켜야 하는 계는 출가자의 연령과 성별에 의해 구별된다. 즉 사미와 사미니는 십계(十戒), 식차마나는 육법계(六法戒), 비구는 이백오십계(二百五十戒), 비구니는 삼백사십팔계(三百四十八戒)를 지켜야 한다. 언뜻 보기에 출가자일지라도 사미와 사미니에게는 재가자보다 조금 더 높은 수준의 종교적 실천을 요구하는 것으로 여겨진다. 사실상 십계는 팔재계가 확장된 것으로 내용상 열 번째인 '금이나 은을 받지 않겠다〔離金銀寶物〕'는 항목만 추가되기 때문이다.

그러나 팔재계는 재일(齋日)에만 지켜야 하는 주기적인 계이지만, 십계는 늘 지켜야 하는 계라는 점에서 차이가 있다. 특히 범행(梵行)의 실천은 재가자에게는 권고 사항이지만, 출가자에게는 종교적 의무이다. 재가자에게는 가족생활을 책임져야 할 의무가 있지만, 출가자에게는 감각적 행위를 절제할 의무가 있다. 따라서 불교 교단의 예비 구성원인 사미와 사미니에게는 가족에 대한 집착을 버리고, 감각적 행위에 탐닉하지 않는 독신생활을 요구하는 것으로 보인다.

불교 교단의 정식 구성원인 비구와 비구니가 지켜야 할 계를 구족계(具足戒, ⓢupasampadā)라고도 하는데, 사실 율장(律藏)에 따라 계조(戒條)의 차이가 있다. 비구와 비구니가 지켜야 할 계를 각각 『팔리율』에서는 227계와 311계, 『사분율(四分律)』에서는 250계와 348계, 『오분율(五分律)』에서는 251계와 380계, 『십송률(十誦律)』에서는 263계와 354계, 『마하승기율(摩訶僧祇律)』에서는 218계와 290계, 『근본설일체유부율(根本說一切有部律)』에서는 249계와 358계로 전하고 있다. 그렇지만 그 내용에는 큰 차이가 없으며, 여기에는 계를 지키지 못했을 때 받는 벌칙이 구체적으로 제시되어 있다.

세간에서 생활하는 재가자와 달리 출가자는 세간과 분리된 공간인 승원(僧院)에서 공동체 생활을 한다. 이런 까닭에 출가공동체를 유지하기 위한 규칙이 제정될 수밖에 없고, 이를 위반할 경우에 제재(制裁)를 받는다. 벌칙은 그 정도에 따라 여덟 종류로 나누어진다. ①바라이법(波羅夷法)은 교단에서 추방하는 것이다. ②승잔법(僧殘法)은 엿새 동안 따로 거주한 후에 스무 명의 승가(僧伽) 앞에서 참회하는 것이다. ③부정법(不定法)은 신뢰할 만한 신자의 증언을 기다려 벌칙이 결정되는 것이다. ④사타법(捨墮法)은 사유물의 위반에 관한 것으로, 사유물은 교단에 몰수되고 세 명의 승려 앞에서 참회하는 것이다. ⑤단타법(單墮法)은 세 명의 승려 앞에서 참회하는 것이다. ⑥회과법(悔過法)은 한 명의 상좌(上座) 앞에서 참회하는 것이다. ⑦중학법(衆學法)은 한 사람의 승려 앞에서, 혹은 마음속으로 참회하는 것이다. ⑧멸쟁법(滅諍法)은 교단에 다툼을 일으킬 경우의 해결법이다.

또 죄의 성격이나 동기에 따라 다섯 종류로 나누거나 일곱 종류로 나누기도 하는데, 이것을 오편칠취(五篇七聚)라고 한다. 오편(五篇)은 바라이(波羅夷), 승잔(僧殘), 바일제(波逸提), 바라제제사니(波羅提提舍尼), 돌길라(突吉羅)이다. 이 가운데 바일제는 사타법과 단타법에 해당하고, 바라제제사니는 회과법에 해당하고, 돌길라는 중학법에 해당한다. 칠취(七聚)는 오편에 투란차(偸蘭遮)를 더하고, 돌길라를 행위의 종류에 따라 악작(惡作)과 악설(惡說)로 나눈 것이다. 새로 추가된 투란차는 불도(佛道)의 수행을 막는 것으로서 바라이와 승잔을 범하기 직전의 죄이다.

특히 중학법은 『사분율』과 『오분율』에서 백 가지를 열거하고 있어서 백중학(百衆學)이라고 한다. 이는 일상생활에서 흔히 저지르기 쉬운 실수를 경계하는 것이다. 또 칠취에서는 악작과 악설로 나누었듯이, 늘 신업(身業)과 구업(口業)으로 인한 잘못을 경계해야 한다. 때로는 한 개인의 경솔한 행동이 공동체의 질서를 무너뜨릴 수 있기 때문이다. 따라서 출가계는 독신의 출가자가 조화로운 공동체 생활을 하는 데 필요한 규범으로 볼 수 있다.

【13】

율장은 어떻게 전해졌을까?

우리나라를 비롯한 동북아시아 지역에서는 대승불교가 주된 흐름이어서 이전의 불교를 소승불교(小乘佛教)로 낮추어 부르기도 한다. 대승불교가 이전의 불교와 여러 측면에서 다른 것은 분명하지만, 이전의 불교를 전적으로 부정했던 것은 아니다. 따라서 소승불교라는 표현보다 부파불교(部派佛教)라는 명칭이 더 적합한 것으로 여겨진다.

부처님께서 입멸(入滅)하시고 나서 100년이 지난 무렵에 불교 교단은 상좌부(上座部)와 대중부(大衆部)로 분열되었다고 한다. 이 근본분열의 원인에 대해서는 학자들 간에 이견이 있지만, 대체로 계율에 대한 견해 차이로 인해 분열된 것으로 본다. 대표적인 원인으로 십사(十事), 즉 일상생활에 관한 열 가지 사항이 계율을 위반한 것인가, 그렇지 않은가에 대한 논란을 꼽는다. 상좌부에서는 열 가지 사항이 계율을 위반한 것이라는 공식적인 판단을 수용했지만, 대중부에서는 이를 수용하지 않았다. 계율을 둘러싼 논란은 점점 더 많아졌으며, 그 결과 지말분열로 이어지게 되었다.

여러 차례의 분열로 많은 부파가 생겨났으며, 이들 가운데 일부 부파는 독자의 교리와 율장을 가졌다. 공동생활을 하는 구성원들 간의 불화가 일상생활의 문제에서 비롯된 것이라면 이들 간의 화합을 위해서는 일상생활의 규칙이 공유되어야만 했을 것이다. 부파들의 명칭과 성립시기에 대해서는 아직도 논란이 많으며, 율(律)의 전승도 지역에 따라 다르다. 스리랑카를 중심으로 한 동남아시아의 상좌부불교(上座部佛敎)에는 팔리율이 전승되고 있다. 반면에 동북아시아에는 법장부(法藏部), 유부(有部), 화지부(化地部), 대중부(大衆部) 등의 율이 전해진다.

중국으로 전래된 율장은 5세기 무렵에 본격적으로 한역(漢譯)되었다. 5세기 초에 불야다라(弗若多羅)와 구마라집(鳩摩羅什)에 의해 살바다부(薩婆多部), 즉 설일체유부(說一切有部)의 『십송률(十誦律)』 61권이 한역되었다. 얼마 지나지 않아 불타야사(佛陀耶舍)와 축불념(竺佛念)에 의해 담무덕부(曇無德部), 즉 법장부의 『사분율』 60권이 한역되었다. 또 중국 승려인 법현(法顯)은 기존의 율장이 충분하지 않다고 여겨서 직접 인도에 가서 율의 범본(梵本)을 구해 오기도 했다. 법현은 불타발타라(佛陀跋陀羅)와 함께 마하승기부(摩訶僧祇部), 즉 대중부의 『마하승기율』 40권을 한역했다. 또 법현이 사자국(師子國)에서 구해 왔다고 전해지는 미사색부(彌沙塞部), 즉 화지부의 『오분율』 30권은 불타집(佛陀什)과 축도생(竺道生)에 의해 한역되었다. 네 종류의 율장 가운데 『사분율』에 대한 연구가 가장 활발했으며, 이를 토대로 율종(律宗)이 성립되었다. 이로 인해 동북아시아에서는 사분율종(四分律宗)이라는 표현이 통용되었다.

8세기에는 인도에서 25년 동안 유학했던 의정(義淨)에 의해 근본설일체유부의 『근본설일체유부비나야(根本說一切有部毘奈耶)』 50권이 한역되었다. 이것은 의정이 중인도 남해(南海)에 유학할 때 대승교도(大乘敎徒)가 집지(執持)한 율로 전해진다. 이 문헌은 살바다부의 『십송률』 계통이 증광된 신율(新律)이며, 이전에 한역된 『십송률』은 설일체유부의 구율(舊律)이라고 할 수 있다. 한편 4세기에 축불념에 의해 한역된 『비나야(毘奈耶)』 10권은 『십송률』 계통의 고율(古律)로 추정되고 있다.

이상과 같이 현존하는 율장은 부파교단의 율이며, 그 내용은 두 부분으로 나뉜다. 첫 번째는 금계(禁戒), 즉 비구와 비구니가 지켜야 할 계에 대한 해설이다. 두 번째는 비구와 비구니가 행하여야 할 행지(行持), 즉 승가 행사와 일상생활에서 지켜야 할 세칙이다. 이로 인해 율장은 출가자를 대상으로 한 문헌이라는 인식이 생기게 되었으며, 후대에 부파불교는 출가자 중심의 불교라는 비판을 받게 된다.

【14】

율장의 또 다른 가치

삼장(三藏) 가운데 하나인 율장은 그 특수성으로 인해 경장(經藏)이나 논장(論藏)보다 잘 알려지지 않은 편이다. 그러나 경장이 부처님께서 설하신 가르침을 모은 것이라면 율장은 부처님께서 제정하신 생활 규범을 모은 것이다. 따라서 경(經)과 율(律)은 새의 두 날개, 또는 수레의 두 바퀴처럼 불가분의 관계라고 할 수 있다. 어느 한쪽에만 치우치면 그 균형을 잃어버려서 날아갈 수도, 앞으로 나아갈 수도 없게 된다.

현존하는 부파의 율장은 팔리율 1종, 한역 율장 5종, 티베트역 율장 1종으로 모두 7종이다. 이 가운데 부처님 당시와 유사한 형태로 전승되는 것은 남방 상좌부(上座部)의 팔리율이다. 어떤 이는 동남아시아에서 통용되는 팔리율을 이상적인 것으로 여기면서 동북아시아에서 통용되는 한역 율장을 비판하기도 한다. 그러나 동남아시아는 자연적으로나 문화적으로 인도와 유사한 환경이었기 때문에 원형에 가깝게 전승될 수 있었을 것이다. 반면에 동북아시아는 인도와는 완전히 다른 환경이었기 때문에 어떤 부파의 율이든 그대로 수용될 수 없었을 것이다.

실제로 같은 동북아시아의 대승불교권이라도 티베트와 우리나라를 비롯한 중국과 일본의 양상은 다르다. 티베트에 전승되는 율장은 한역 율장 가운데 설일체유부의 신율(新律)인 『근본설일체유부비나야(根本說一切有部毘奈耶)』의 완역이며, 그 범본의 일부가 카슈미르 북부에서 발견되었다. 다시 말해 8세기에 의정이 한역한 율장과 티베트역 율장은 모두 근본설일체유부의 율장이다. 이처럼 동북아시아에는 설일체유부 계통의 율장이 많이 전해졌지만, 우리나라를 비롯한 중국과 일본에서는 법장부의 율장인 『사분율』이 커다란 영향을 미쳤다. 그럼에도 불구하고 부파의 율장은 소승 율장으로 폄하되기도 한다.

그러나 최근에는 대승불교의 기원을 연구하는 학자들에 의해 율장의 가치가 재조명되고 있다. 기존에는 대승불교가 재가자를 중심으로 한 불탑 신앙에서 기원했을 것으로 추정했지만, 최근에는 전통적인 부파 교단에 대승불교도가 공동으로 거주했을 것으로 추정한다. 7세기 무렵에 인도에서 유학한 구법승인 현장(玄奘)과 의정은 이런 상황을 기록으로 남기고 있다. 율장에 대한 검토를 통해 이런 결론에 도달한 일부 불교학자들은 부파 내에서 대승이 생겨났을 가능성이 있다고 주장하기도 한다. 이처럼 율장은 아직 밝혀지지 않은 인도불교사를 해명하기 위한 문헌 자료이기도 하다.

현존하는 율장을 성립 연대에 따라 배열하면 『사분율』과 『오분율』, 팔리율과 『십송률』, 『마하승기율』, 『근본설일체유부비나야』와 티베트율이 될 것이다. 이들 율장은 인도에서 기원전 100년에서 기원

300~400년까지 성립되었으며, 동북아시아로 전해져 5세기부터 9세기까지 한어 또는 티베트어로 번역되었다. 오랜 세월에 걸쳐 성립된 율장에는 인도와 아시아의 문화가 스며들어 있어서 문화사적인 측면에서도 눈여겨볼 만하다.

한역 율장은 크게 지지계(止持戒)와 작지계(作持戒)로 구성되어 있는데, 이는 팔리율의 경분별(經分別)과 건도부(犍度部)에 해당한다. 전자는 계조(戒條)에 따라서 분별하고 주석을 붙인 것이며, 후자는 출가 교단의 생활 규범을 모아 주석과 설명을 덧붙인 것이다. 구체적으로 전자에서는 계경(戒經)과 결계(結戒), 범계(犯戒)의 종류와 출죄(出罪) 등을 다룬다. 후자에서는 수계(受戒) · 포살(布薩) · 안거(安居) · 자자(自恣)와 그 밖의 의식주에 관한 스무 가지 사항을 다룬다. 이외에 후자에는 집법비니오백인(集法毘尼五百人)과 칠백집법비니(七百集法毘尼)가 수록되어 있는데, 이는 제1 결집과 제2 결집에 대한 기록이다. 이처럼 율장에는 출가자의 금계(禁戒)만 나열된 것이 아니라 출가 교단의 주요한 사항부터 일상의 세세한 사항까지 망라되어 있다. 이를 통해 동북아시아인들은 부처님 당시 출가자의 모습을 짐작할 수 있었을 것이다.

【15】

대승불교의 계율, 보살계

사실 부파불교 시대의 칠중계(七衆戒)는 재가자보다는 출가자를 중심으로 한 계율이라고 할 수 있다. 이들은 독신으로 공동체 생활을 하면서 아라한(阿羅漢)이 되는 것을 최종 목표로 삼았다. 다시 말해 종교적 목표를 달성하기 위해서는 출가자, 특히 비구와 비구니의 삶이 적합하다고 여긴 것이다. 이런 까닭에 비구와 비구니에게는 아비달마(阿毘達磨) 교학의 연찬과 금계(禁戒)의 준수가 요구되었을 것이다. 그러나 부파 교단은 여러 차례의 분열을 거듭하면서 본래 목표를 망각한 채 점점 형식적으로 변해갔다.

이에 대해 이전과 다른 새로운 비전을 제시하면서 전통적인 수행자를 성문승(聲聞乘)과 연각승(緣覺乘) 또는 소승(小乘)으로 비판하는 이들이 등장하게 된다. 자신들의 입장을 대승(大乘)으로 표방한 이들은 불타(佛陀)가 되는 것을 최종 목표로 삼았다. 다시 말해 대승불교도들은 스스로 깨달음을 성취해서 중생을 제도(濟度)했던 불타의 삶을 흠모

했다. 아울러 새로운 목표를 달성하기 위해서는 보살(菩薩), 즉 깨달음을 향해 나아가는 중생으로 살아가야 한다고 여겼다.

대승불교 이전의 보살은 석가모니불(釋迦牟尼佛)의 전생(前生)을 가리켰으며, 불전문학에서 본생(本生) 보살은 완전한 깨달음을 추구하려는 서원(誓願)을 세웠던 존재로 묘사되었다. 대승불교에서 보살은 보리심(菩提心)에 근거한 이타(利他)의 서원을 세워서 실천하는 자이다. 다시 말해 누구나 중생을 제도하기 위해 깨달음을 추구한다면 보살이라고 할 수 있다. 따라서 대승불교에서는 보살의 삶을 가장 이상적인 것으로 여겼으며, 대승 경전에는 여러 보살의 삶이 다양하게 제시되어 있다.

이런 측면에서 본다면 대승불교의 계율인 대승계(大乘戒)는 대승의 보살에게 적합한 계율이므로 보살계(菩薩戒)로 불리기도 한다. 일본의 불교학자인 후나야마 도루(船山 徹)는 보살계를 '대승의 이상상(理想像)인 보살로서 살기 위한 실천 항목과 마음 자세를 체계화한 대승의 독자적인 계율'로 정의한다. 다시 말해 보살계는 대승불교를 믿는 사람이 대승 경전에 나오는 보살처럼 살아가려고 결심할 때에 필요한 행위 규범이다. 따라서 대승의 보살로 살아가기 위해서는 여러 대승 경전에 설해진 보살계를 찬찬히 뜯어보아야 한다.

그런데 대승 경전은 한꺼번에 제작된 것이 아니라 오랜 세월에 걸쳐 수많은 대승불교도에 의해 제작되었다. 대승 경전은 성립 순서에 따라 세 시기로 나누며, 초기 대승경전과 중기 대승경전은 교리나 실천 면에서 후기 대승경전보다 중요하다. 초기 대승경전은 최초기의 대승경전에서 용수(龍樹)의 시대까지 제작된 경전이며, 중기 대승경전은 용수

이후 무착(無著)과 세친(世親)의 시대까지 제작된 경전이다. 초기 대승경전으로는 『반야경(般若經)』 계통의 경전, 『화엄경(華嚴經)』, 『법화경(法華經)』 등을 꼽을 수 있다. 중기 대승경전으로는 『열반경(涅槃經)』을 비롯한 여래장(如來藏) 계통의 경전과 『해심밀경(解深密經)』을 비롯한 유식(唯識) 계통의 경전 등을 꼽을 수 있다.

이에 따라 보살계도 초기 대승경전에서는 다소 소박한 형태였지만, 중기 대승경전에서는 정교한 형태로 바뀌게 된다. 특히 중기 이후에는 유식 계통의 경론에 설해진 삼취정계(三聚淨戒)가 보살계로 정착하게 된다. 이런 흐름은 인도에서 중국으로 이어져서 5세기부터 7세기에 걸쳐 『보살지지경(菩薩地持經)』, 『보살선계경(菩薩善戒經)』, 『유가사지론(瑜伽師地論)』 등이 한역된다. 그러나 중국에서는 새로운 경전인 『범망경(梵網經)』이 5세기 후반에 성립되었는데, 이 경전의 하권에 나오는 십중사십팔경계(十重四十八輕戒)가 범망계(梵網戒)로 널리 알려지게 된다. 이로 인해 오늘날까지 우리나라를 비롯한 동아시아불교권에서 보살계는 범망계로 인식되고 있다.

【16】

선행을 장려하는 열 가지 계, 십선계

대승불교의 보살은 본생(本生) 보살이나 수기(授記) 보살처럼 특정한 보살이 아니라 '누구나 될 수 있는 보살'이다. 누구라도 보리심(菩提心)으로 서원(誓願)을 세워서 끊임없이 정진해나간다면 '보살'이라고 할 수 있다. 보살이 되는 데는 재가자이든 출가자이든, 남자이든 여자이든, 가난하든 부유하든, 신분이 높든 낮든, 아무런 제약이 없다. 누구나 보살이 될 수 있으므로 대승 보살의 행위규범은 누구든지 실천할 수 있어야 한다. 다시 말해 대승계(大乘戒) 또는 보살계(菩薩戒)에는 이전의 칠중계(七衆戒)와 달리 보편성이 절실히 요구된다.

이런 측면에서 대승불교도들은 이전에 경시되었던 십선(十善), 즉 열 가지 선한 행위에 주목하게 된다. 십선은 초기 불교경전인 『아함경(阿含經)』에 설해진 불교의 중요한 실천덕목이지만, 초기불교에서는 계(戒)로 불리지 않았다. 이후에도 십선은 오계와 함께 재가자가 지켜야 하는 계로 인식되었다. 그렇지만 초기 대승경전에서는 재가자와 출가자 모두 십선업도(十善業道) 또는 십선도(十善道)를 실천해야 한다고 설한다. 일본의 불교학자인 히라카와 아키라(平川 彰)는 대승불교의 본래 계는 십선도라고 주장한다. 그는 초기 대승불교의 보살계는 누구나 실천할 수 있는 십선계(十善戒)가 중심이었다고 거듭 강조한다. 이는 계에 대한 인식이 악행을 금지하는 것에서 선행을 장려하는 것으로 변했음을 드러내는 것이다.

초기 대승경전에 설해진 십선업도는 선인선과(善因善果)에 근거해서 열 가지 선행을 실천덕목으로 규정한 것이다. 육체적 행위〔身業〕는 세 가지로, 생명을 죽이지 않아야 하고, 도둑질을 하지 않아야 하고, 그릇된 음행을 하지 않아야 한다. 언어적 행위〔口業〕는 네 가지로, 거짓말을 하지 않아야 하고, 거짓으로 꾸미는 말을 하지 않아야 하고, 험담을 하지 않아야 하고, 이간질을 하지 않아야 한다. 의지적 행위〔意業〕는 세 가지로, 탐욕스러운 짓을 하지 않아야 하고, 화를 내지 않아야 하고, 그릇된 견해를 가지지 않아야 한다. 이와 반대되는 것은 악인악과(惡因惡果)에 근거한 십악업도(十惡業道)이다.

십선업도는 초기 대승경전인 『반야경』에서 대승계로 인식되면서 십선계(十善戒)로 불리게 된다. 『반야경』에서는 시라바라밀(尸羅波羅蜜), 즉 계바라밀(戒波羅蜜)을 "보살은 살바야(薩婆若)에 응하는 마음으로 스스로 십선도를 행하며, 다른 사람들에게 십선도를 행하게 한다."라고 설한다. 또 『화엄경』과 『유마경(維摩經)』 등에서도 보살이 실천해야 할 계바라밀을 십선도라고 설한다. 따라서 초기 대승불교에서 계로 대표되는 것은 십선도, 즉 십선계라고 할 수 있다. 그러므로 대승 보살은 살생, 도둑질, 그릇된 음행, 거짓말, 꾸미는 말, 험담, 이간질, 탐욕, 성냄, 그릇된 견해를 가짐 등의 열 가지 행위를 스스로 하지 않아야 하며, 다른 사람들에게도 이런 행위를 하지 않도록 해야 한다.

그런데 보살이 열 가지 선행을 끊임없이 실천하기 위해서는 마음속에 선한 의지가 있어야만 한다. 만약 마음속에 악한 의지가 있다면 육체적으로나 언어적으로는 선행으로 보일지라도 그것은 선행이라고 할 수 없다. 그러므로 보살은 늘 선한 의지, 즉 선한 마음가짐으로 선한 행위를 해야 한다. 즉 보살은 늘 생명을 존중하는 마음, 아낌없이 베푸는 마음, 만족한 마음, 진실한 마음, 중생을 이롭게 하려는 마음, 부드러운 말을 하려는 마음, 화합을 도모하려는 마음, 늘 나누려는 마음, 자비로운 마음, 지혜로운 마음을 가져야 한다. 이런 마음가짐이 있어야만 육체적으로나 언어적으로 선행을 할 수 있다. 따라서 대승적 의미에서 십선계를 실천한다는 것은 누구나 보살이 되어 선한 마음가짐으로 열 가지 선행을 끊임없이 실천하는 것이다.

【17】

계를 지켜 수행을 완성하다, 지계바라밀

대승불교의 이상상(理想像)인 보살은 누구나 될 수 있지만, 아무나 보살답게 살 수 있는 것은 아니다. 대승 보살은 발심(發心), 즉 최고의 바른 깨달음에 대한 마음을 내어야 하며, 자신의 발심을 모든 중생에게 확대한 서원(誓願)을 세워야 한다. 대부분의 초기 대승경전은 발심을 포함한 서원으로부터 시작된다고 해도 과언이 아닐 것이다. 대승 보살의 서원은 발심을 견고하게 하며, 그 마음으로부터 물러서지 않게 한다.

사실 누구나 마음속에 한두 가지 바람은 있으며, 대부분 자신과 가족의 행복을 바랄 것이다. 이런 개인적인 바람을 넘어서 다른 이의 행복을 바라는 것은 그리 쉬운 일이 아니다. 많은 이들이 자신의 행복에 몰두한 나머지 다른 이를 돌아볼 마음의 여유를 가지지 못하기 때문이다. 다른 이에게 관심조차 없는데, 어떻게 다른 이의 행복을 바랄 수 있겠는가. 누군가를 위하는 마음이 있어야만 진정으로 그들의 행복을 바랄 수 있다. 다시 말해 이타심이 있어야만 이타적인 서원을 세울 수 있다. 그러므로 이타적인 성격을 가진 서원은 그 자체로 선업(善業)이 된다고 할 수 있다. 이런 까닭에 초기 대승불교에서는 십선업도, 즉 십선계를 중요하게 여겼을 것이다.

그런데 이타적인 서원일지라도 그것이 실현될 수 없는 것이라면, 그 선한 의도는 퇴색될 수밖에 없을 것이다. 이에 대승불교도들은 불전문학에서 본생(本生) 보살의 실천덕목이었던 바라밀(波羅蜜)에 주목하게 된다. 바라밀은 산스크리트 파라미타(pāramitā)를 음사한 것으로, 그 의미는 '최상의 상태로서 완성'이다. 구마라집은 이를 도피안(到彼岸), 즉 '깨달음의 경지인 피안에 도달하는 것'으로 한역했다. 일부 학자들은 구마라집의 한역이 문법적으로 타당하지 않은 해석이라고 지적한다. 그렇지만 동아시아인들은 도피안을 의미상 적절한 해석으로 여겼기 때문에 오늘날까지 통용되고 있다.

또 대승불교도들은 보살의 실천덕목을 구체화하기 위해 초기 불교경전에 산발적으로 설해졌던 여러 수행덕목을 눈여겨보게 된다. 이로 인해 초기 대승경전에는 여러 유형의 바라밀이 설해지게 되었으며, 가장 널리 알려진 것은 여섯 가지 바라밀이다. 여섯 가지 수행덕목은 보시(布施, ⓢdāna), 지계(持戒, ⓢśīla), 인욕(忍辱, ⓢkṣanti), 정진(精進, ⓢvīrya), 선정(禪定, ⓢdhyāna), 반야(般若, ⓢprajñā)이다. 여기에 바라밀을 덧붙이면 육바라밀(六波羅蜜)이 되며, 이것은 각각의 수행덕목을 통한 완성으로서의 과정과 그 자체가 이미 완성된 상태라는 의미로 해석될 수 있다.

지계바라밀(持戒波羅蜜, ⓢśīla-pāramitā)의 경우에도 두 가지 해석이 가능하다. 즉 지계를 통한 완성, 지계에 의한 완성이 지계바라밀의 뜻이며, 지계가 곧 바라밀이고 바라밀이 곧 지계라는 뜻이기도 하다. 그런데 여섯 가지 바라밀 간에는 밀접한 관련이 있다는 점을 간과해서는 안 된다. 반야바라밀(般若波羅蜜, ⓢprajñā-pāramitā)은 다섯 가지 바라밀의 바탕이 되며, 각각의 바라밀은 자신의 위치에 머물면서 동시에 나머지 바라밀을 성취한다. 다시 말해 지계바라밀도 반야바라밀에 의해 실현될 수 있으며, 지계바라밀에 의해 나머지 다섯 가지 바라밀도 원만해진다.

지계바라밀을 실천하는 보살은 고통받는 중생을 가엾게 여기는 대비심(大悲心)과 흔들리지 않는 용맹심으로 중생을 위해 계(戒)를 지킨다. 그는 어떤 유혹에도 흔들리지 않을 뿐만 아니라 자신의 목숨을 잃을지라도 후회하지 않는다. 계를 지키는 목적은 명성이나 열반을 얻기 위해서가 아니라 윤회 속에서 고통받는 중생을 피안에 이르게 하기 위해서이다. 이처럼 보살의 지계는 대비심을 바탕으로 한 것이기 때문에 곧바로 바라밀이 된다. 그리고 이런 보살의 지계에 의지하여 나머지 다섯 가지 바라밀이 원만해진다.

【18】

열 가지 청정한 계, 십종청정계

누구든지 선행을 하면 은근히 좋은 결과를 기대하며, 그 결과가 기대에 미치지 못하면 실망하거나 분노하기도 한다. 이런 상황이 반복되면 선행을 굳이 할 필요가 있는지, 왜 선행을 해야 하는지에 대해 고민하게 된다. 처음부터 좋은 결과를 기대하지 않는다면 실망하거나 분노하지도 않을 것이다. 따라서 선행을 하는 것보다 더 중요한 것은 선행의 동기이다.

우리에게 잘 알려진 칠불통계게(七佛通戒偈)에서는 "모든 악을 저지르지 말고, 온갖 선을 받들어 행하라. 스스로 그 마음을 청정히 하는 것, 이것이 모든 부처님의 가르침이다."라고 읊는다. 이 게송에서 '스스로 그 마음을 청정히 하는 것'은 대승불교에서 중요하게 여기는 '과보(果報)를 구하지 않는 청정한 마음'일 것이다. 다시 말해 대승불교에서는 좋은 결과를 바라는 선행보다는 순수한 동기에 의한 선행을 적극적으로 장려한다.

이런 측면을 강조한 초기 대승경전으로 『화엄경』을 꼽을 수 있으며, 계와 관련된 내용은 여러 품에 산발적으로 보인다. 특히 십선업도와 관련된 내용은 「십무진장품(十無盡藏品)」, 「십지품(十地品)」, 「이세간품(離世間品)」 등에 보인다. 이 가운데 가장 오래된 것으로 추정되는 「십지품」에서는 십지(十地) 가운데 제2지인 이구지(離垢地)에서 십선업도를 행하고 지계바라밀로 모든 번뇌를 여읜다고 설한다. 또 '보살이 계바라밀을 행하는 이구지에서 스스로 십선(十善)의 청정한 계를 가져 사람들에게 가지도록 하고, 일체중생에게 가엾은 생각을 일으켜 마음 깊숙이 자비심이 일어나도록 세 가지 청정한 계〔三種淨戒〕를 갖추어야 한다.'고 설한다.

또 「십무진장품」에서는 열 가지 무진장(無盡藏) 가운데 계장(戒藏)을 설하는데, 여기에 열 가지 계가 나온다. ①보요익계(普饒益戒)는 모든 중생을 이롭게 하기 위해서 청정한 계를 수지하는 것이다. ②불수계(不受戒)는 외도들의 계를 받아서 행하지 않고, 스스로 정진하여 삼세 모든 부처님의 평등하고 깨끗한 계율만 받들어 지니는 것이다. ③부주계(不住戒)는 어떤 세계에 태어나려고 계를 지니지 않는 것이다. ④무회한계(無悔恨戒)는 청정한 계를 깨뜨리지 않아서 뉘우치는 마음이 없도록 하는 것이다. ⑤무위쟁계(無違諍戒)는 먼저 제정한 것을 어기지 않고 다른 중생과 다투지 않는 것이다. ⑥불손뇌계(不損惱戒)는 중생에게 손해를 끼치거나 마음을 번거롭게 하지 않는 것이다. ⑦무잡예계(無雜穢戒)는 마음이 잡되거나 오염되지 않고, 다만 연기의 이치를 관찰하는 것이다. ⑧무탐구계(無貪求戒)는 어떠한 것도 탐하거나 구함이 없이, 다만 번뇌에서 벗어나는 법을 만족시키려 하는 것이다. ⑨무과실계(無過失戒)는 자기를 높여서 자랑하거나 파계한 사람을 경멸함이 없이 마음을 한결같이 하는 것이다. ⑩무훼범계(無毁犯戒)는 열 가지 악업(惡業)을 영원히 끊고 열 가지 선한 일을 구족하게 받아 지니는 것이다. 이처럼 계장은 청정한 계를 지니는 것이며, 열 번째 계는 십선업도라고 할 수 있다.

또 「이세간품」에서는 십선을 확대한 십종청정계(十種淸淨戒), 즉 열 가지 청정한 계를 설한다. ①몸이 청정한 계, ②말이 청정한 계, ③마음이 청정한 계, ④모든 학처(學處)를 파(破)하지 않는 청정한 계, ⑤보리심을 수호하는 청정한 계, ⑥여래께서 제어하신 바를 수호하는 청정한 계, ⑦은밀하게 호지(護持)하는 청정한 계, ⑧모든 악을 짓지 않는 청정한 계, ⑨모든 것이 있다는 견해를 멀리 여의는 청정한 계, ⑩모든 중생을 수호하는 청정한 계이다.

앞의 세 가지는 차례대로 신청정계(身淸淨戒), 어청정계(語淸淨戒), 의청정계(意淸淨戒)라고 한다. 육체적인 행위의 청정함은 몸의 세 가지 악(살생, 도둑질, 그릇된 음행)으로부터 보호한다. 언어적 행위의 청정함은 말의 네 가지 허물(거짓말, 꾸미는 말, 험담, 이간질)을 여의게 한다. 의지적 행위의 청정함은 탐욕, 성냄, 그릇된 견해를 여의게 한다. 나아가 보살이 열 가지 청정한 계에 안주하면 여래의 위없고 과실 없는 청정한 계를 얻는다고 한다.

이처럼 『화엄경』에서는 반야 계통의 경전과 달리 정계(淨戒)를 강조하며, 세 가지 또는 열 가지 청정한 계를 설한다. 궁극에는 성품이 청정해져야만 저절로 열 가지 악행을 여읠 수 있을 뿐만 아니라 열 가지 선행을 끊임없이 실천할 수 있다고 여기기 때문이다.

【19】

재가 보살의 청정한 행

우리나라를 비롯한 동아시아 불교권에서는 '대승 보살'을 바람직한 인간상으로 여긴다. 그런데 불자들은 '재가 보살'이나 '출가 보살'이라는 용어를 낯설어한다. 아마도 사찰에서 여성 신자에게 보살이라는 호칭을 붙여서 부르기 때문일 것이다. 이로 인해 보살이라고 하면 재가 보살, 특히 여성 신자를 떠올리는 경우가 많다.

그렇지만 대승 경전에는 재가 보살이 등장하기도 하고, 출가 보살이 등장하기도 한다. 재가 보살이 등장하는 대승 경전으로는 『유마경(維摩經)』과 『승만경(勝鬘經)』을 꼽을 수 있으며, 각각 유마 거사와 승만 부인을 중심으로 내용이 전개된다. 처음에는 성문승(聲聞僧)을 비판하는 재가 보살이 많이 등장했지만, 점차 재가 보살과 다른 출가 보살의 역할을 강조하게 된다.

초기 대승경전 가운데 『화엄경』에는 재가 보살과 출가 보살의 모습이 비교적 선명하게 드러난다. 특히 「정행품(淨行品)」에서는 재가 보살과 출가 보살이 일상생활 속에서 실천해야 하는 청정한 행을 설한다. 이 품에서는 지수(智首) 보살이 부처님의 바른 깨달음의 원인이 되는 보살의 행을 묻는다. 이에 대해 문수(文殊) 보살은 141가지 서원으로 보살의 신구의(身口意) 삼업(三業)을 하나씩 설한다. 다시 말해 모든 행위, 즉 육체적·언어적·의지적 행위를 순화시켜 청정하게 하는 방법으로 141가지 서원을 세울 것을 설한다. 이 가운데 11가지 서원은 재가 보살의 실천덕목이라고 할 수 있다.

첫 번째는 보살이 집에 있을 때면 중생이 집의 성품이 공(空)한 줄 알아서 그 핍박을 면하길 원해야 한다. 두 번째는 부모를 효(孝)로 섬길 때면 중생이 부처님을 잘 섬겨서 온갖 것을 보호하고 공양하길 원해야 한다. 세 번째는 처자가 모일 때면 중생이 원수이거나 친하거나 평등하여 영원히 탐착을 여의길 원해야 한다. 네 번째는 만약 오욕락(五欲樂)을 얻을 때면 중생이 욕심의 화살을 뽑아 없애서 구경에 안온하길 원해야 한다. 다섯 번째는 즐거운 놀이로 모일 때면 중생이 법으로써 스스로 즐겨 놀이가 진실이 아닌 줄 분명히 알길 원해야 한다. 여섯 번째는 만약 궁실(宮室)에 있을 때면 중생이 성인의 지위〔聖地〕에 들어서 영원히 더러운 탐욕을 없애길 원해야 한다. 일곱 번째는 영락(瓔珞)을 걸칠 때면 중생이 모든 거짓 장식을 버려서 진실한 곳에 이르길 원해야 한다. 여덟 번째는 누각에 오를 때면 중생이 바른 법의 누각에 올라서 온갖 것을 철저히 보길 원해야 한다. 아홉 번째는 보시하는 바가 있을 때면 중생이 온갖 것을 버려서 마음에 애착이 없길 원해야 한다. 열 번째는 대중이 모일 때면 중생이 온갖 모인 법〔衆聚法〕을 버려서 모든 지혜를 이루길 원해야 한다. 열한 번째는 만약 액난(厄難)에 있을 때면 중생이 뜻을 따라 자재하여 행하는 바가 걸림 없길 원해야 한다.

첫 번째 서원은 대승불교의 핵심 사상인 공성(空性)에 대한 이해와 관련된 것이다. 모든 존재는 그 본성이 공(空)이어서 어떤 고정적인 실체도 없다고 인식해야만 모든 존재에 대한 탐욕과 집착에서 벗어날 수 있다. 그러므로 탐욕과 집착을 부정적인 것으로 여겨 억누를 것이 아니라 그 본질을 꿰뚫어 볼 수 있어야 한다. 그래야만 모든 행위, 즉 육체적·언어적·의지적 행위가 청정해질 수 있다. 또 나머지 서원들을 살펴보면 보살은 세간에서 중생들과 어울리지만, 그들의 행동을 나무라거나 억압하지 않는다. 예를 들면 보살은 중생이 오욕락을 즐기거나, 즐거운 놀이를 하거나, 몸에 장신구를 걸치는 것을 비난하지 않는다. 다만 보살은 중생이 그런 행동에서 벗어나기를 진심으로 바란다. 누군가에 대한 진실한 바람이 그 대상을 변화시킬 수 있다는 점을 잊어서는 안 될 것이다.

【20】

출가 보살의 청정한 행

우리나라를 비롯한 동아시아 불교권에서는 '출가 보살'이라는 표현이 잘 쓰이지 않는다. 아마도 출가자는 당연히 출가 보살인 것으로 여겨 따로 구분하지 않았기 때문일 것이다. 그러나 인도 대승불교에서 출가 보살은 대승 보살의 이념을 적극적으로 실천한 출가자를 가리킨다. 이들은 기존의 출가계인 비구계와 비구니계에 대해 비판적인 시각을 가지고 있었으며, 자신들에게 적합한 대승계가 어떤 것인지 깊이 고민했을 것이다. 아울러 재가 보살과 다른 출가 보살의 정체성에 대해서도 다시금 생각해보지 않을 수 없었을 것이다.

초기 대승경전 가운데 바람직한 출가 보살의 모습이 묘사된 것으로 『화엄경』의 「정행품(淨行品)」을 꼽을 수 있다. 이 품에 나오는 141가지 서원 가운데 130가지 서원은 출가 보살의 정행(淨行), 즉 출가도(出家道)라고 할 수 있다. 재가 보살의 서원보다 출가 보살의 서원이 훨씬 더 많은 것은 출가를 지향하기 때문일 것이다. 여기서는 보살이 집을 버리는 것을 시작으로 해서 수행자의 하루가 파노라마처럼 펼쳐지고 있다.

첫 번째의 득도수계(得道受戒) 부분에서는 보살이 살던 집을 떠나서 승가람(僧伽藍)에 들어와 여러 스승에게 나아가 출가하기를 청하여 마침내 계를 받는 모습이 묘사되어 있다. 이 부분에 삼귀예문(三歸禮文)으로 불리는 유명한 게송이 나온다. "스스로 부처님께 귀의할 때는, 마땅히 중생이 부처님의 종자를 잇도록 위없는 뜻을 내기를 원해야 한다〔自歸於佛, 當願衆生, 紹隆佛種, 發無上意〕. 스스로 법에 귀의할 때는, 마땅히 중생이 깊이 경장에 들어가 지혜가 바다와 같기를 원해야 한다〔自歸於法, 當願衆生, 深入經藏, 智慧如海〕. 스스로 승가에 귀의할 때는, 마땅히 중생이 대중을 통솔하여 일체에 걸림 없기를 원해야 한다〔自歸於僧, 當願衆生, 統理大衆, 一切無礙〕." 이 게송을 통해 삼귀의(三歸依)를 하는 보살의 마음가짐을 엿볼 수 있다.

두 번째의 실내작법(室內作法) 부분에서는 보살이 오전 중에 할 것으로 여겨지는 일련의 행동이 묘사되어 있다. 수행과 관련된 행동으로는 당우(堂宇)에 들어가 자리를 펴고, 몸을 바르게 해 단정하게 앉고, 결가부좌로 선정〔定〕과 관법〔觀〕을 닦고, 가부좌를 풀고 앉는 것 등이다. 일상생활과 관련된 행동으로는 옷을 입고, 양치질하고, 대소변을 보고, 얼굴과 손을 씻는 것 등이다.

세 번째의 출문(出門) 부분에서는 보살이 사찰에서 나와 자연환경을 접하거나 사람을 만나는 모습이 묘사되어 있다. 네 번째의 행걸(行乞)과 청식(請食) 부분에서는 보살이 여기저기 다니면서 걸식하는 모습이 묘사되어 있다. 다섯 번째의 경행(經行)과 순례(巡禮) 부분에서는 보살이 경행하고 부처님께 예배하는 모습이 묘사되어 있다. 여섯 번째의 취침작법(就寢作法) 부분에서는 보살이 저녁에 잠자리에 드는 모습이 묘사되어 있다.

언뜻 보기에 출가 보살의 모습은 기존의 출가자와 별로 다르지 않은 것처럼 보인다. 그 이유는 일본의 불교학자인 스치하시 슈코(土橋秀高)가 언급했듯이, 승가(僧伽)의 유지에 필요한 법규(法規)와 작법(作法)을 지키기 때문이다. 여기서는 비구와 사미의 위의법(威儀法)이 부정적인 것으로 여겨지지 않으며, 오히려 이전에 없었던 항목이 추가된 행의(行儀)가 제시되고 있다.

그러나 기존의 출가자와 달리 출가 보살에게는 이타(利他)의 행원(行願)을 바탕으로 한 위의(威儀)를 갖출 것이 요구되고 있다. 이는 이전의 출가계에서 육체적 · 언어적 행위에 대한 규제를 통해 출가자로서의 위의를 갖추게 한 것과 다르다. 아울러 130가지 서원은 출가 보살이 일상생활에서 어떤 마음가짐을 가져야 하는지에 대한 예시로 볼 수 있다. 이런 예시가 일상화된다면 출가 보살은 언제 어디서나 이타적인 서원을 세워서 실천할 수 있을 것이다.

【21】

머뭇거리는 초발의 보살을 위하여, 보살도와 사십칠계

온갖 꽃이 흐드러지게 피어 있는 아름다운 산의 풍경을 감상하게 된다면, 누구나 등산을 하고 싶은 마음이 생길 것이다. 그 마음이 조금 더 간절해지면 간단하게 짐을 챙겨 산으로 향할 것이다. 그런데 처음 산에 오르는 이라면 제대로 가고 있는지 몰라서 한참 동안 두리번거릴 것이다. 어떤 이는 길을 잃어 중도에 산행을 포기할 것이며, 어떤 이는 잠시 길을 헤매다가 산행을 계속할 것이다. 가령 처음부터 꿋꿋이 산에 오른 이라고 하더라도 목적지에 대한 확신이 없으면 얼마 지나지 않아 지쳐버릴 것이다.

처음 대승불교에 뜻을 일으킨 보살, 즉 초발의(初發意) 보살 또는 신발의(新發意) 보살도 처음 산을 오르는 이와 비슷한 심정이었을 것이다. 대승불교의 이념에 매료되어서 대승 보살이 되기로 마음먹었지만, 막상 어찌할 바를 몰라 머뭇거리는 이들이 있었을 것이다. 이런 이들에게 필요한 구체적인 가르침이 바로 보살도(菩薩道)이다. 초기 대승경전에서의 보살도는 여섯 가지 바라밀을 닦는 것이며, 이 과정에서 보살은 자신의 깨달음과 중생의 제도(濟度)를 원만히 해야 한다. 또 보살은 보살도가 성불의 바른 원인이며, 성불은 보살도의 결과라는 것을 확신해야 한다.

이런 입장에서 보살도를 보살이 실천해야 할 정계(正戒)로 설하는 『보살내계경(菩薩內戒經)』에 주목할 필요가 있다. 이 경전은 송(宋)의 구나발마(求那跋摩)가 한역한 것으로 되어 있지만, 그 이전에 한역되었을 것으로 추정하기도 한다. 여하튼 이 경전은 내용상 두 부분으로 나눌 수 있으며, 앞부분이 십이시설법부(十二時說法部)이다. 여기에서는 보살의 여섯 가지 바라밀행을 설하지만, 설법 형식은 15일의 설계회(說戒會)에서 십이시(十二時) 동안 하는 것으로 되어 있다. 다시 말해 형식은 대승불교 이전에 행해졌던 반월(半月)의 포살설계회(布薩說戒會)이지만, 실은 보살행 전체가 계경(戒經)으로 온종일 설해지는 것이다. 각시(時)에는 수계(受戒)의 형상(形相)으로 보살행을 설하는데, 시라(尸羅)바라밀 부분에 사십칠계(四十七戒)가 나온다.

일본의 불교학자인 오노호도(大野法道)는 이 사십칠계를 대승계조(大乘戒條)의 오래된 형태로 간주하면서 내용에 따라 여섯 종류로 구분한다. 첫 번째는 오계 및 십선계에 해당하는 열여섯 가지 조목이다. 보살은 살생하지 말아야 하며, 다른 사람의 재물을 훔치지 말아야 하며, 다른 사람의 아내를 간음하지 말아야 하며, 사람을 속이거나 업신여기지 말아야 하며, 술을 마시지 말아야 한다. 또 보살은 이간하는 말·욕설·거짓말·꾸미는 말을 하지 말아야 하며, 질투하지 말아야 하며, 화내지 말아야 하며, 어리석거나 의심하지 말아야 하며, 그릇된 마도(魔道)를 믿지 말아야 한다. 또 보살은 간탐(慳貪)하지 말아야 하며, 다른 이의 재물을 탐내지 말아야 하며, 남녀 간에 서로 음란한 놀이를 하지 말아야 한다.

두 번째는 부정한 계량기의 사용을 금지하는 것에 해당하는 여섯 가지 조목이다. 보살은 저울추를 무겁게 하여 다른 사람을 해치지 말아야 하며, 저울추를 가볍게 하여 다른 사람을 속이지 말아야 한다. 또 보살은 큰 되〔大斗〕와 작은 되〔小斗〕, 긴 자〔長尺〕와 짧은 자〔短尺〕를 가지고 다른 사람을 해치지 말아야 하며, 다른 사람을 속이지 말아야 한다. 다시 말해 보살은 계량기를 부정하게 사용하여 다른 사람의 이익을 침해하거나 다른 사람을 속여서는 안 된다는 것이다.

세 번째는 사람이나 가축 등의 판매를 금지하는 것에 해당하는 여덟 가지 조목이다. 보살은 노비를 매매하지 말아야 하며, 처자를 팔거나 다른 사람에게 주지 말아야 한다. 또 보살은 소나 말, 코끼리나 낙타, 노새나 당나귀, 돼지나 양, 닭이나 개 등을 팔지 말아야 한다. 보살은 사람이나 가축뿐만 아니라 경법(經法)을 팔지 말아야 한다.

네 번째는 타인 침해를 금지하는 것에 해당하는 일곱 가지 조목이다. 보살은 악행으로 다른 사람을 가르치지 말아야 하며, 그릇된 마음으로 다른 사람을 해치지 말아야 하며, 다른 사람을 헐뜯고 공격하지 말아야 하며, 다른 사람을 때리지 말아야 한다. 또 보살은 양민(良民)을 납치하여 노비로 만들지 말아야 하며, 서로 속이고 사기 치지 말아야 한다. 이 외에도 보살은 소나 말의 오음(五陰)을 끊어 버리지 말아야 한다.

다섯 번째는 부정한 이의 집에 가는 것을 금지하는 것에 해당하는 일곱 가지 조목이다. 보살은 음란한 여인의 집과 황문(黃門)의 집에 가지 말아야 한다. 또 보살은 그릇된 마도(魔道)의 집, 죽은 사람을 짊어지는 집〔擔死人種家〕, 초상집〔死喪家〕, 술집〔酒舍〕, 국밥집〔羹飯舍〕에 들어가지 말아야 한다.

여섯 번째는 자비로 베푸는 것에 해당하는 세 가지 조목이다. 보살은 마땅히 널리 방편으로 이롭게 하고 보시해야 한다. 또 보살은 다른 이에게서 음식을 얻었을 때, 마음속으로 '내가 어느 땐가 다른 이에게 보시하여 배부르게 하기를 지금의 나와 같게 하소서'라고 생각하여야 한다. 또 보살은 서로 보게 되면 부모와 형제를 보는 것처럼 환희심을 내야 하며, 다른 이를 보더라도 마찬가지로 해야 한다. 아울러 보살은 다른 이가 보살도를 행하는 것을 보면 마땅히 평등한 마음을 보아야 한다.

언뜻 보면 마지막의 세 가지 조목을 제외한 마흔네 가지 조목은 금계(禁戒)의 형식을 띠는 듯하다. 그렇지만 제1계에서 강조하듯이, 살생을 금지하는 것에 그치지 않고 몸·입·뜻으로 살생을 생각하지도 말아야 한다. 다시 말해 단순히 행동으로 드러나는 몸과 입만을 대상으로 하지 않으며, 마음속까지 그 대상으로 한다. 이런 까닭에 이 경전에서는 "보살은 안을 경계하고 밖을 경계하지 않는다."라고 설한다. 보살에게 무엇보다 중요한 것은 바깥으로 드러나는 행동보다 안으로 간직하는 청정하고 유연한 마음이다.

【22】

모든 중생에게 불성이 있다, 불성계

우리 주변을 돌아보면 전부 나와 다르지 않은 평범한 사람들인 듯한데, 뉴스를 보면 사건과 사고가 끊이질 않는다. 어떤 경우에는 '사람이 어떻게 저럴 수 있지'라는 생각이 들 만큼 끔찍한 사건이 보도되기도 한다. 이로 인해 많은 이들이 분노할 때, 누군가 그 사람의 본성이 나와 다르지 않다고 한다면 수긍할 수 있을까? 그렇다면 나와 그 사람의 본성은 선한 것일까, 악한 것일까, 선하지도 악하지도 않은 것일까?

이런 의문에 대해 인도 대승불교에서는 학파마다 그 입장을 달리하지만, 동아시아불교에서는 여래장(如來藏) 계통 경전의 입장을 적극적으로 수용한다. 모든 중생에게는 여래장 또는 불성(佛性)이 있어서 누구나 부처가 될 수 있다는 것이다. 설령 극악무도한 사람일지라도 그 본성은 부처와 다르지 않아서 성불할 수 있다고 설한다. 따라서 이 계통의 경전에서는 모든 중생의 본성이 부처와 다르지 않다는 사실을 철저히 자각해야 한다고 거듭 강조한다.

특히 중기 대승 경전으로 분류되는 『열반경』은 인도보다 중국에서 널리 유행했으며, 중국 불교계에 커다란 영향을 미쳤다. 가장 먼저 한역된 것은 한인(漢人) 승려인 법현(法顯)의 『대반니원경(大般泥洹經)』 6권이다. 이어서 인도 출신 승려인 담무참(曇無讖)에 의해 『대반열반경(大般涅槃經)』 40권이 한역되었다. 이후에 두 번역본을 종합하여 다시 편집한 것이 혜엄(慧嚴) 등의 『대반열반경』 36권이다. 통상 담무참의 번역본을 북본(北本)이라고 하며, 혜엄 등의 편집본을 남본(南本)이라고 한다. 어떤 본(本)에 의하든지, 이 경전의 핵심은 모든 중생에게 불성이 있다는 것을 자각하는 것이다. 이에 따라 이 경전의 보살계를 '불성계(佛性戒)'라고 부르기도 한다.

「여래성품(如來性品)」에서는 모든 중생이 불성을 갖추고 있다는 것은 계를 지킨 후에야 볼 수 있으며, 불성을 봄으로써 아뇩다라삼먁삼보리(阿耨多羅三藐三菩提)를 이룰 수 있다고 설한다. 다시 말해 계를 지키는 것은 깨달음을 실현하는 것과 곧바로 연결되는 것이다. 또 「수명품(壽命品)」에서는 다른 초기 대승경전과 마찬가지로 십선도(十善道)를 설하며, 「사자후보살품(師子吼菩薩品)」에서는 십선법(十善法)을 수습(修習)할 것을 설한다. 한편 「성행품(聖行品)」에서는 범행(梵行)을 닦는 출가 보살을 재가 보살보다 우위에 두기도 한다.

이처럼 보살이 지녀야 할 계에 대한 설명이 여러 품에 산발적으로 보이지만, 주목할 만한 것은 「성행품」에 나오는 분류이다. 우선 보살계를 수세교계(受世敎戒)와 득정법계(得正法戒)로 나눈다. 후자에 대해서는 보살이 이를 받으면 끝내 악을 행하지 않는다고 한다. 반면 전자에 대해서는 백사갈마(白四羯磨)를 한 연후에 얻는다고 하는데, 이는 수계 의식과 관계되는 것으로 여겨진다. 이 갈마는 합의로 어떤 사항을 결정할 때, 그 내용을 대중에게 한 번 알리고 세 번 가부(可否)를 묻는 절차이다. 이전에는 구족계를 주거나 무거운 죄를 처벌할 때에 행했는데, 이를 보살계에도 적용한 것이다.

다음으로 보살계를 성중계(性重戒)와 식세기혐계(息世譏嫌戒)로 나눈다. 전자는 본질적인 죄에 대한 계인 성계(性戒) 가운데서도 가장 무거운 죄에 대한 계이다. 구체적으로는 사중금계(四重禁戒), 즉 생명을 죽이는 것〔殺生〕, 도둑질〔偸盜〕, 음란한 일〔婬事〕, 거짓말〔妄語〕을 금지한다. 후자는 행위 그 자체가 악은 아니지만, 세간에서 혐오하는 것을 없애기 위해 제정된 계이다. 다시 말해 후자는 차계(遮戒)라고 할 수 있으며, 비교적 가벼운 계인 경계(輕戒)이다. 구체적으로는 일상생활과 관련된 마흔 가지 항목이며, 이는 당시 사회상황을 반영한 것으로 볼 수 있다. 이 가운데 눈여겨볼 만한 항목은 음식과 관련된 것인데, 이전에 금지되지 않았던 육식(肉食)과 오신채(五辛菜)가 여기에서는 금지되고 있다.

【23】

세 종류의 청정한 계, 삼취정계

대승 경전에 등장하는 보살들은 자신의 깨달음을 구하는 것보다 중생을 제도(濟度)하는 데 몰두하는 것으로 묘사된다. 즉 대승 보살은 언제 어디서나 자신의 이익〔自利〕보다 다른 이의 이익〔利他〕을 우선시하는 것으로 그려지고 있다. 특히 동아시아불교에서는 중생 제도 자체를 보살행으로 여겨 적극적으로 권장한다. 이로 인해 대승 보살의 삶을 동경하더라도 선뜻 대승 보살로 살아가겠노라고 말하지 못하기도 한다. 다른 한편으로는 대승 보살로서의 자질을 아직 갖추지 못했는데, 중생을 제도할 수 있을지 고민하기도 한다.

이런 측면에서 본다면 대승 경전에 설해진 대승계는 어떻게 해야 자리이타의 보살행을 실천해나갈 수 있는지에 대한 대답이기도 하다. 그래야만 섣부른 연민에 휘둘리지 않는 진정한 보살행을 실천할 수 있기 때문이다. 초기 대승 경전에서는 십선업도와 계바라밀 등이 산발적으로 설해졌지만, 중기 대승 경전에서는 보살이 수지(受持)해야 할 계인 보살계가 구체적으로 설해진다. 특히 『화엄경』에 나왔던 삼종정계(三種淨戒)는 유식학파(唯識學派)의 문헌인 『해심밀경(解深密經)』에서 불선(不善)을 되돌이키는 계, 선(善)에 들어가는 계, 중생의 이익에 들어가는 계로 명시된다. 그렇지만 이 경전에서는 그 내용을 구체적으로 설하지 않는다.

이 학파에서는 우리가 살아가는 세계를 마음의 작용이라는 관점에서 설명하고 있으며, 보살계에 대해서도 밖으로 드러나는 행위의 결과보다 마음속에 간직한 동기를 문제 삼는다. 이 학파의 입장을 집대성한 문헌인 『유가사지론(瑜伽師地論)』은 『유가론(瑜伽論)』으로 약칭되는데, 그 분량은 100권에 이를 정도로 방대하다. 이 논서는 오랜 세월에 걸쳐 여러 사람에 의해 편찬된 것으로 추정되는데, 가장 고층에 속하면서 핵심적인 부분은 17지(地)로 구성된 본지분(本地分)이다. 이 가운데 제 15지가 '보살의 정신적 단계' 또는 '보살의 정신적 기초'를 의미하는 보살지(菩薩地)이다.

그런데 『유가론』 전체는 현장(玄奘)에 의해 7세기에 한역되었지만, 보살지에 해당하는 부분은 이미 5세기에 한역되었다. 하나는 담무참이 한역한 『보살지지경(菩薩地持經)』 10권이고, 다른 하나는 구나발마(求那跋摩)가 한역한 『보살선계경(菩薩善戒經)』 9권 및 1권이다. 가장 논란이 많은 문헌은 『보살선계경』이지만, 최근의 연구에 의하면 『보살지지경』과 『유가론』과는 다른 전승계통의 번역본인 것으로 추정되고 있다. 또 동일한 계통의 다른 번역으로 추정되는 『보살지지경』과 『유가론』 간에도 몇 가지 차이가 있다고 한다. 여하튼 4세기 중반 무렵에 인도에서 편찬된 것으로 여겨지는 보살지는 네 종류의 유가처(瑜伽處)로 구성되어 있다. 첫 번째 지(持) 유가처에서는 보살의 수행에 있어 근거나 기초가 되는 항목이 설해지며, 이 가운데 계품(戒品)은 보리분법(菩提分法)의 훈련 방법으로 분류된다.

이 품에서는 보살이 행해야 할 계바라밀이 아홉 가지 관점에서 설해지며, 이 가운데 두 번째 일체계(一切戒)에서 보살계가 전개된다. 보살들에게는 재가에 속한 계와 출가에 속한 계가 있는데, 이를 일체 계라고 한다. 이를 요약하면 세 종류의 계가 있는데, 즉 악을 방지하는 계, 좋은 일을 총괄하는 계, 중생에게 유익한 것을 행하는 계이다. 즉 모든 보살을 대상으로 하는 일체 계는 세 가지 구성 요소로 이루어져 있는데, 이를 삼취계(三聚戒) 또는 삼취정계(三聚浄戒)라고 한다. 담무참은 각각 율의계(律儀戒), 섭선법계(攝善法戒), 섭중생계(攝衆生戒)로 번역했다. 현장은 앞의 두 가지는 똑같이 번역했고, 마지막을 요익유정계(饒益有情戒)로 번역했다. 한편 구나발마는 계(戒), 수선법계(受善法戒), 중생을 이롭게 하기 위해 행하는 계〔爲利衆生故行戒〕로 번역했다. 따라서 세 가지 요소가 포함된 보살계를 수지하기 때문에, 재가 보살이든 출가 보살이든 보살 간에 본질적인 구별은 없다.

【24】

금계를 지키고 선행을 할 것, 율의계와 섭선법계

동아시아불교에서는 대승보살계인 삼취정계 가운데 섭중생계 또는 요익유정계를 중시한다. 반면에 율의계와 섭선법계에 대해서는 별다른 의미를 부여하지 않는다. 물론 대승 보살은 마땅히 모든 중생에게 도움을 주어야 하지만, 그것은 강요에 의해서가 아니라 자발적으로 이루어져야 한다. 그런데 나와 상관없는 누군가를 이롭게 하려는 마음을 가지는 것도, 그 마음가짐을 행동으로 옮기기도 쉽지 않다. 다시 말해 이타적인 동기가 이타적인 행위로 이어지기 위해서는 무엇보다도 대승 보살로서의 자질이 갖추어져 있어야 한다. 설령 그 자질이 갖추어져 있다고 하더라도, 그 자질을 계발하기 위해서는 율의계와 섭선법계를 잘 알아야 한다.

율의계는 섭율의계(攝律儀戒)라고도 하는데, 모든 악을 끊기 위해 금계(禁戒)를 지키는 것이다. 『유가론』에 의하면, 보살의 율의

계는 일곱 부류의 별해탈율의(別解脫律儀)를 수용하는 것이다. 즉 비구, 비구니, 식차마나니, 사미, 사미니, 재가의 남성 신자, 재가의 여성 신자들의 계를 수용하는 것이다. 이는 보살계 안으로 부파불교의 칠중계(七衆戒)인 비구계, 비구니계, 식차마나계, 사미계, 사미니계, 우바새계, 우바이계를 포섭시키는 것이다. 이를 통해 율의계에서는 칠중계의 형식적인 면을 비판한 것이지, 칠중계 그 자체를 부정하지 않았음을 알 수 있다.

특히 『유가론』을 비롯한 중기 대승 경론에서는 보살행을 실천하는데 재가 보살보다 출가 보살이 더 적합하다는 점을 강조한다. 또 생활방책으로 출가하는 것보다 의향의 청정성에서 출가하는 것을 바람직하게 여긴다. 모든 보살은 율의계에 머물러 자신의 과실과 허물에 관해 생각하고, 다른 이의 과실과 허물을 엿보지 않는다. 계를 범하는 중생들에 대해서도 분노심과 증오심이 없으며, 그들에게 대연민심(大憐愍心)을 품어서 널리 이익되게 하려는 마음을 일으킨다. 이런 까닭에 율(律)에 따른 생활방식에 안주한 보살은 중생을 꾸짖거나 비난하지 않으며, 불방일(不放逸)을 갖추고 있으며, 선을 자랑하지 않고 악을 고백하는 자가 된다.

섭선법계는 열 가지 선한 행위를 포함한 모든 선한 행위를 적극적으로 하는 것이다. 『유가론』에 의하면, 보살은 율의계를 받은 후에 대보리(大菩提)를 위하여 신체와 말을 통해 어떤 것이든 선을 적집(積集)한다. 구체적으로 보살은 신체와 말과 뜻을 가지고 행했던 모든 선을 위없는 완전한 깨달음으로 회향하며, 그는 적시에 다양한 서원과 일체 종류의 광대한 삼보에 공양을 올리며, 그는 항상 선한 방향으로 노력하고 용맹정진하면서 방일하지 않는다. 요컨대 섭선법계는 온갖 종류의 선법(善法)을 획득하고, 보호하고, 증장하기 위한 계라고 할 수 있다.

섭선법계에 머무는 보살은 다섯 가지를 용인하지 않는다. 첫째는 신체와 재물에 관한 의존성이며, 둘째는 모든 악한 계로부터 생겨난 분노와 원한 등의 번뇌와 수번뇌(隨煩惱)이며, 셋째는 다른 사람들에 대해 일으켰던 증오와 분노의 적대적인 마음이며, 넷째는 이미 생겨난 나태와 게으름이며, 다섯째는 이미 생겨난 집중 상태에 대한 탐착과 집중 상태에서 나오는 번뇌이다.

또 보살은 선한 결과의 유익함을 여실하게 잘 알며, 선한 원인과 선한 결과에 관하여 전도된 것과 전도되지 않은 것과 선의 포섭에 대한 장애를 여실하게 안다. 보살은 선한 결과를 공덕으로 본 후에 선을 포섭하기 위하여 선한 원인을 추구하며, 전도된 것과 전도되지 않은 것을 여실하게 안다. 보살은 선의 결과를 획득한 후에 무상(無常), 고통, 청정하지 않음, 무아(無我)를 여실하게 알고서 선의 포섭에 대한 방해를 버린다. 보살은 열 가지 측면에 의해 선법을 포괄하는 계에 안주하여 신속하게 선을 포섭하고 모든 측면을 포섭하게 된다.

【25】

아낌없이 주는 행복, 요익유정계

어린 시절에 누구나 한 번쯤 셸 실버스타인(Shel Silverstein)의 그림동화인 『아낌없이 주는 나무(The Giving Tree)』를 읽어보았을 것이다. 이 책에서 나무는 한 소년에게 자신이 가진 모든 것을 아낌없이 주면서 행복해한다. 나무는 소년이 마음껏 뛰어놀 수 있는 놀이터가 되어주기도 하고, 돈이 필요한 그에게 사과를 내어주기도 하고, 집이 필요한 그에게 나뭇가지를 내어주기도 하고, 배가 필요한 그에게 나무줄기를 내어주기도 하고, 편안히 쉴 곳이 필요한 그에게 나무 밑동에 앉아서 쉬라고 한다.

동화 속 나무는 모든 것을 줄 수 있어서 행복하다고 하는데, 우리는 얼마나 공감할 수 있을까? 어떤 이는 소년에 대한 나무의 사랑은 자식에 대한 부모의 헌신적인 사랑과 비슷하다고 여긴다. 또 어떤 이는 자신의 모든 것을 아낌없이 주면서 행복해하는 나무보다 적당한 선에서 거절하는 나무가 더 나을 것 같다고 하기도 한다. 자신의 모든 것을 소년에게 다 주어버린 나무는 다른 이에게 줄 것이 남아 있지 않기 때문이다. 만약 나무가 소년에게 나뭇가지와 나무줄기를 내어주지 않았더라면, 여전히 누군가의 놀이터일 것이고, 누군가에게 사과도 계속 줄 수 있을 것이다. 한편으로는 자신이 필요한 것만 나무에게 끊임없이 요구하는 소년이 얄밉게 느껴지기도 한다. 사실 자기 잇속만 차리는 사람들로 가득 찬 세상에서 누군가를 이롭게 하는 삶을 살기란 그리 쉽지 않다. 헌신적인 삶을 사는 이들을 따뜻한 시선으로 대하는 이도 있지만, 대부분 세상 물정을 모르는 순진한 사람으로 취급하기 때문이다.

만약 누군가에게 자신의 모든 것을 아낌없이 주면서 진심으로 행복해한다면 요익유정계를 실천하는 보살일 것이다. 이 계는 섭중생계라고도 하는데, 생명을 가진 모든 존재를 이롭게 하는 계이다. 『유가론』에서는 구체적으로 열한 가지 행위를 제시하고 있다. 즉 ①이익을 수반한, 다양한 중생들의 행위에 대해 조력자가 되며, ②계속해서 생겨나는 중생들의 병고 등을 간병하는 조력자가 되며, ③세간적인 이익과 출세간적 이익들에 대해 법의 교설을 선행요소로 하고 방편을 가진 설명을 선행요소로 하는 바른 이치를 설명하며, ④은혜를 베풀었던 중생들에 대해 받은 것의 앎을 보호하는 사람이 그에 상응하는 보답을 일으키며, ⑤사자와 호랑이, 왕과 도둑, 물과 불 등의 다종다양한 공포를 일으키는 것으로부터 중생을 보호하며, ⑥재물과 친척으로 인해 괴로움에 빠진 자들에게 비탄을 제거하며, ⑦생필품이 없는 중생들에게 모든 생필품을 제공하며, ⑧이치에 맞게 올바른 근거를 제공함으로써 여법하게 대중을 인도하며, ⑨언설과 담론과 축하를 위해 적당한 때에 그곳으로 가서 다른 사람으로부터 먹을 것과 마실 것을 받으며, ⑩세간적인 이익을 설명하며, ⑪소환되었을 때에 오가는 것이다.

이 열한 가지 행위는 요익유정계의 예시로 볼 수 있으며, 중생을 이롭게 하는 모든 행위가 이 계에 해당할 것이다. 이처럼 바람직한 대승보살의 삶이 제시되어 있음에도 불구하고 이런 삶을 동경하는 이들이 많지 않다. 오히려 자신의 요구를 흔쾌히 들어주는 이가 없다고 한탄하기까지 한다. 그러나 자기가 하기 싫은 일을 다른 사람에게도 시키지 말아야 한다고 하지 않았던가. 자신의 이기적인 욕망을 충족시키기 위해서 다른 이의 희생을 당연하게 생각해서는 안 된다. 우리가 사는 세상이 지금보다 더 나은 세상이 되려면, 적어도 동화 속의 소년처럼 되어서는 안 될 것이다. 누군가에게 무엇을 요구하기 이전에 나라면 그 요구를 들어줄 수 있을지 곰곰이 생각해보아야 할 것이다. 나아가 모든 이들의 행복을 위해 자신이 가진 것을 아낌없이 내어줄 수 있도록 노력해야 할 것이다.

【26】

보살계는 어겨도 어긴 것이 아니다?

대승 보살은 대승불교의 이념을 적극적으로 실천해나가는 존재로, 그에게는 두 가지 지향점이 있다. 즉 모든 것은 본질적으로 공(空)인 것을 아는 반야(般若)의 지혜를 획득해야 하며, 현실 사회에서 그 지혜를 오롯이 다른 이를 이롭게 하는 데 사용해야 한다. 전자는 상구보리(上求菩提)에 해당할 것이고, 후자는 하화중생(下化衆生)에 해당할 것이다. 후자를 보살행이라고도 하며, 이를 실천하기 위해서는 중생에 대한 연민의 마음(悲心)이 있어야만 한다. 만약 보살에게 중생을 가엾게 여기는 마음이 없다면 보살행은 시작될 수 없으며, 그 마음이 점점 작아진다면 보살행은 계속될 수 없다. 그러므로 대승 보살행은 반야의 지혜를 갖춘 보살이 연민의 마음으로 중생을 이롭게 하는 것이라고 할 수 있다.

그런데 대승 경론에는 간혹 상식적으로 이해하기 힘든 보살행이 묘사되어 있는데, 『유가론』의 보살지(菩薩地)에도 몇 가지가 제시되어 있다. 이 논의 「계품(戒品)」에는 네 가지 타승처법(他勝處法)과 마흔세 가지 위범(違犯)이 설해져 있는데, 이는 각각 중계(重戒)와 경계(輕戒)에 해당한다. 한편 『보살선계경(菩薩善戒經)』에서는 출가 보살은 여덟 가지 중계, 재가 보살은 여섯 가지 중계와 마흔여덟 가지 경계를 지켜야 한다고 설한다. 또 『보살지지경(菩薩地持經)』에서는 모든 보살이 네 가지 중계와 마흔두 가지 범사(犯事)를 지켜야 한다고 설한다. 이처럼 보살계의 세부 항목에는 약간 차이가 있지만, 모두 유식 계통의 경론에 설해진 계이므로 '유가계(瑜伽戒)'라고 부른다.

네 가지 중계는 본질적인 죄에 대한 계인 성계(性戒)인 까닭에 모든 보살이 반드시 지켜야만 한다. 그러나 「계품」에서는 재가 보살이 중생에 대한 연민의 마음으로 그들을 위해 선교방편(善巧方便)을 행한다면 설령 악행을 하더라도 계를 어긴 것이 아니라고 설한다. 다시 말해 보살이 다른 이를 위해 일곱 가지 악행, 즉 살생, 도둑질, 음욕, 거짓말, 이간하는 말, 욕설, 꾸미는 말을 하는 경우 그것은 그 자체로는 악업이지만, 그 의도에 비추어 본다면 전혀 죄가 되지 않는다는 것이다. 예를 들면, 만약 보살이 어떤 재물 때문에 수많은 이들을 죽이려고 하는 도둑과 강도를 본다면, 그 보살은 다음과 같이 생각할 것이다. '내가 이 사람을 죽인 후에 지옥에 태어날 것이다. 내가 지옥에 태어나는 것이 낫지, 이 중생이 무간업(無間業)을 지은 후에 지옥의 종착점에 가지 않기를 바란다.' 이런 연민의 마음으로 보살이 살생한다면, 그 보살은 계를 어긴 것이 아니라는 것이다. 이처럼 유가계에서는 신체적 행위나 언어적 행위보다 의지적 행위를 훨씬 더 중요하게 여기며, 선교방편을 행하는 것에 대해서도 긍정적이다.

또 『유가론』의 「보리분품(菩提分品)」에서는 선교방편을 보다 구체적으로 설한다. 우선 내적인 선교방편은 부처님의 속성을 완성하기 위한 것이다. 즉 ①중생들에 대해서 연민의 마음을 수반하는 관심이며, ②모든 행을 여실하게 아는 것이며, ③위없는 완전한 깨달음의 지혜에 대해 기뻐하는 것이며, ④중생에 대한 관심 때문에 윤회를 버리지 않는 것이며, ⑤모든 행을 여실하게 아는 것에 의지한 후에 염오(染汚)되지 않은 마음으로 윤회하는 것이며, ⑥부처님의 지혜에 대해 기뻐한 것에 의지해서 용감하게 정진하는 것이다. 다음으로 외적인 선교방편은 중생을 성숙시키기 위한 것이다. 즉 ①방편의 능숙함에 의해 보살이 작은 선근을 무량한 과보의 상태로 인도하는 것이며, ②작은 노력으로 광대하고 무량한 선근을 산출하고 초래하는 것이며, ③부처님의 교법(教法)에 대해 증오하는 중생들의 증오심을 없애주는 것이며, ④부처님의 교법에서 있는 중생들을 이해시키는 것이며, ⑤이해한 중생들을 성숙시키는 것이며, ⑥이미 성숙한 중생들을 해탈시키는 것이다. 따라서 대승 보살은 내적으로나 외적으로 방편에 능숙해져야 한다.

【27】

내가 나에게 보살계를 주다, 자서수계

걸음을 배우느라 뒤뚱거리면서 천천히 발을 떼어놓는 아기의 모습을 보고 있으면 입가에 엷은 웃음이 번진다. 이제 막 걸음마를 뗀 아기는 아장아장 걷다가 넘어져 울기도 하고, 다시 일어나려고 안간힘을 써서 얼굴이 새빨개지기도 한다. 그럴 때마다 엄마는 아기를 일으켜 세워서 한 발짝씩 조심스럽게 옮겨 디디게 한다. 이런 시도는 반복될 것이고, 나중에는 언제 그랬냐는 듯이 아이 혼자서 성큼성큼 걸을 것이다.

대승 보살의 삶을 살겠다고 결심한 이도 걸음마를 뗀 아기와 다르지 않을 것이다. 보살은 악한 행동을 하지 말아야 하며, 적극적으로 선한 행동을 해야 하며, 다른 이를 이롭게 하려고 끊임없이 노력해야 한다. 그런데 일정한 경지에 다다른 보살이 아니라면, 보살의 마음가짐은 상황에 따라 느슨해지기도 하고, 달라지기도 한다. 이럴 때마다 보살은 자신의 마음을 다잡기 위해 스스로 북돋우기도 하고, 다른 이에게 격려나

위로를 받기도 한다. 보살의 삶을 맹세한 이가 늘어나면서 자신의 내적 결의를 분명하게 드러내기 위한 절차가 생기게 된다.

보살의 수계에 대해서는 중기 대승경전에 산발적으로 나오지만, 『유가론』의 보살지에는 보살의 수계작법(受戒作法)이 구체적으로 명시되어 있다. 이 논의 「계품(戒品)」에는 자서수계(自誓受戒)가 설해지는데, 계사(戒師)가 될 만한 인물이 없는 경우에 인정되는 방법이다. 즉 수계 희망자는 불상 앞에서 자신이 직접 모든 부처님이나 모든 보살에게 말을 거는 것에 의해 수계를 행한다. 이때 수계 희망자는 자신의 맹세를 시방의 모든 불보살에게 말을 걸어 인증을 받는 것이다. 이런 수계작법은 이전에 볼 수 없었던 새로운 방법인 까닭에 보살계의 특징으로 여겨지기도 한다.

예전의 수계작법은 종타수계(從他受戒), 즉 다른 이로부터 계를 받는 것이었다. 이전에는 비구가 구족계(具足戒)를 받기 위해서는 삼사칠증(三師七證), 즉 세 명의 스승과 일곱 명의 증인이 필요했다. 여기서 세 명의 스승은 계를 주는 계화상(戒和尙), 청결을 증명하는 갈마사(羯磨師), 의식을 가르쳐 주는 교수사(敎授師)이다. 이들로부터 수계 희망자가 계를 받는 과정을 지켜보는 일곱 명의 입회인이 있어야 수계가 성립되었다. 반면에 자서수계의 경우에 수계 희망자는 명상이나 꿈속에서 석가모니불이나 다른 부처님 또는 보살로부터 직접 계를 받으며, 수계의 성립을 지켜보는 증인은 시방의 모든 불보살이다. 따라서 자서수계에서는 불보살에게 보살의 서원을 스스로 표명하는 것이 무엇보다도 중요하다.

그런데 보살계는 이전의 계와 달리 이 세상에서 살아 있는 동안 지킬 것을 맹세하여 받는 계가 아니다. 보살계의 기반이 되는 보살행은 보리심(菩提心)을 일으키는 것을 시작으로 해서 최종 목적을 이룰 때까지 계속되기 때문이다. 이런 까닭에 수계 희망자는 보살로서의 자각이 있어야만 하며, 보리심을 일으켜야만 한다. 다시 말해 수계 희망자는 두 가지 요건을 갖추어야만 수계를 통해 진정한 보살이 되는 것이다. 따라서 보살계는 받는다는 것은 이 세상뿐만 아니라 다음 세상, 또는 그다음 세상에서도 계속 보살로서 살아가는 것을 의미한다. 어떤 구호를 빌린다면 '한 번 보살은 영원한 보살'인 것이다.

동아시아불교에서는 자서수계로 보살계를 받는 경우, 수계 희망자에게 철저한 참회를 요구한다. 그가 의도했든 의도하지 않았든지 간에 그동안 지었던 악업(惡業)을 진심으로 참회한다면, 그의 마음에서 악업이 사라질 것이다. 이로 인해 그 마음이 청정해지면, 보리심을 일으켜 보살로서 살아갈 것을 스스로 맹세하고 보살계를 받는다. 따라서 보살의 삶을 지지하고 응원하는 이도 수많은 불보살이라는 점을 명심해야 한다.

【28】

재가 보살이 지켜야 할 계

여러 대승 경론에서 보살계가 설해지지만, 대승보살계를 대표하는 개념으로 유가계에 설해지는 삼취정계를 꼽을 수 있다. 모든 보살을 대상으로 하는 보살계에는 세 가지 구성 요소인 율의계·섭선법계·요익유정계가 포함되어야 한다. 즉 보살은 불교 교단의 구성원으로서 자신에게 부여된 의무를 다해야 하며, 깨달음을 위해 온갖 선을 적집(積集)해야 하며, 모든 살아 있는 생명을 이롭게 해야 한다.

이 과정에서 재가 보살은 중생에 대한 연민의 마음으로 불가피하게 선교방편을 행하기도 한다. 여기서 명심해야 할 것은 상황에 따라 몸과 입으로 짓는 일곱 가지 악행은 용납되기도 하지만, 악한 의지 또는 악한 마음은 결코 용납될 수 없다는 점이다. 다시 말해 보살의 마음은 탐욕〔貪〕·성냄〔瞋〕·어리석음〔癡〕이라는 번뇌에 물들지 않아야만 한다. 만약 보살의 마음이 청정하지 않다면 중생을 위한다는 명분으로 선불리 선교방편을 행해서는 안 된다. 선무당이 사람 잡는다는 속담도 있지 않은가.

이처럼 대승 보살이 나아가야 할 방향은 분명하지만, 막상 현실에 부딪히게 되면 이러지도 저러지도 못하는 경우가 생기게 된다. 재가 보살은 출가 보살과 달리 세속의 인연에 얽매여 있기 때문일 것이다. 이런 현실이 반영된 것으로 여겨지는 경전이 바로 5세기에 담무참에 의해 한역된 『우바새계경(優婆塞戒經)』이다. 이 경전에서는 재가의 남성 신자인 우바새(優婆塞)가 지켜야 할 계를 설하는데, 사위국(舍衛國)의 선생(善生)이라는 이름을 가진 이에게 설해진 것이어서 '선생경(善生經)'이라고도 한다.

언뜻 보면 이 경전은 초기불교 경전인 『장아함경(長阿含經)』 가운데 「선생경(善生經)」, 안세고(安世高)가 한역한 『시가라월육방예경(尸迦羅越六方禮經)』, 지법도(支法度)가 한역한 『선생자경(善生子經)』, 축법호(竺法護)가 한역한 『대육향배경(大六向拜經)』 등에 근거한 것으로 보인다. 그러나 이 경전의 내용을 자세히 살펴보면 『보살선계경(菩薩善戒經)』과 대응 관계에 있는 것을 알 수 있다. 이 경전에서는 재가 보살 중심의 보살계가 설해지지만, 『보살선계경』에서는 출가 보살 중심의 보살계가 설해지기 때문이다. 즉 재가 보살은 여섯 가지 중계〔六重〕를 지켜야 하지만, 출가 보살은 여덟 가지 중계〔八重〕를 지켜야 한다고 설한다. 따라서 두 경전은 서로 밀접하게 관련되어 있으며, 그 내용을 보충하는 형태로 제작된 것으로 추정하기도 한다.

이 경전의 「수계품(受戒品)」에는 재가 보살계의 수계작법이 보이는데, 여기에 재가 보살이 지켜야 할 계인 여섯 가지 중법(重法)과 스물여덟 가지 실의죄(失意罪)가 설해진다. 우선 재가 보살은 ①살생을 하지 말아야 하며, ②도둑질하지 말아야 하며, ③거짓말을 하지 말아야 하며, ④삿된 음행을 하지 말아야 하며, ⑤사부대중의 허물을 말하지 말아야 하며, ⑥술을 팔지 말아야 한다. 다음으로 경계(輕戒)에 해당하는 스물여덟 가지 실의죄가 나열되는데, 여기에 술을 마시지 말라는 항목과 육재일(六齋日: 8일, 14일, 15일, 23일, 29일, 30일)을 지키라는 항목이 포함되어 있다. 이외에 요익유정계와 유사한 항목으로는 병든 이를 잘 보살피는 것, 구걸하는 이를 도와주는 것, 길 가다가 병든 이를 보거든 버리고 가지 말 것 등이 있다.

이 품에서 눈여겨볼 부분은 분수(分受)라고 할 수 있는데, 재가 보살이 받아 지키는 계라는 점을 감안한 것으로 보인다. 즉 '만약 삼귀의(三歸依)를 받고서 한 가지 계를 받아 지킨다면 일분(一分)이며, 두 가지 계를 받아 지킨다면 소분(少分)이며, 세 가지 계나 네 가지 계를 받아 지킨다면 다분(多分)이며, 다섯 가지 계를 받아 지킨다면 만분(滿分)'이라고 설한다. 이는 재가 보살에게 자신의 상황에 따라 지킬 수 있는 만큼의 계를 받는 것을 허용한 것으로도 여겨진다.

【29】

보살계를 받는 과정

구슬이 서 말이라도 꿰어야 보배라는 속담이 있듯이, 대승 경전에 설해진 보살계가 이상적이라고 하더라도 적극적으로 실천하지 않으면 빛을 발할 수 없을 것이다. 때로는 장밋빛 희망이 잿빛 절망으로 바뀐다고 하더라도 보살은 툭툭 털고 다시 일어나야만 한다. 한두 번의 좌절이나 실패에 주저앉는다면 아무것도 이룰 수 없기 때문이다. 거듭된 실패로 무력감에 빠질 때마다 자신의 결심을 되새겨야만 언젠가 자신의 최종 목적을 이룰 수 있을 것이다. 패배감에 젖어서 아무런 시도도 하지 않는 것보다 주어진 상황에서 최선을 다하는 것이 바람직할 것이다.

보살계, 특히 유가계(瑜伽戒)에서는 보살의 마음이 번뇌에 물들지 않아야 한다고 강조한다. 그러나 시시각각 변하는 우리의 마음은 부정적이고 자극적인 감각에 훨씬 더 민감하게 반응하는 경향이 있다. 이런 까닭에 보살은 자신의 결심을 끊임없이 되새겨야만 하는데, 그 결심을 밖으로 드러내는 절차가 수계(受戒)일 것이다. 다시 말해 보살로서 살아가겠다는 자신의 결심을 다른 이에게 표명함으로써 보살로서 살아가야 한다는 의무감을 가지게 되는 것이다.

중기 대승 경론에서는 스스로 맹세해서 보살계를 받는 것뿐만 아니라 다른 이로부터 보살계를 받는 과정이 구체적으로 묘사되고 있다. 아마도 대승불교도가 점점 늘어나게 되면서 일정한 절차를 거쳐 대승 보살로 살아갈 수 있도록 독려한 것으로 여겨진다. 유가계에는 계를 주고받는 의식작법이 갖추어져 있는데, 가장 많이 알려진 것이 『보살계갈마문(菩薩戒羯磨文)』이다. 이 문헌은 현장(玄奘)이 한역한 『유가론』의 보살지에 나오는 보살계의 수계작법(受戒作法)을 발췌한 것이다. 이 문헌은 세 부분, 즉 수계갈마(受戒羯磨), 참죄갈마(懺罪羯磨), 득사차별(得捨差別)로 구성되어 있다.

수계갈마에서는 보살계를 주고받는 모습이 구체적으로 묘사된다. 재가이든 출가이든 삼취정계를 받으려는 보살은 큰 서원을 일으키고 나서, 공덕을 갖춘 뛰어난 보살에게 세 번을 청한다. 계를 주는 보살은 계를 받는 보살에게 법을 설하면서 보살계를 받아서 감당할 수 있는지를 불상 앞에서 묻는다. 계를 받는 보살이 그렇다고 대답하면, 이를 세 번 반복한다. 그리고 이것을 불상 앞에서 세 번 보고하고, 증명해주기를 원한다. 그런 다음에 율의계인 네 가지 타승처법(他勝處法)과 마흔세 가지 범계(犯戒)가 설명된다. 여기서 타승처법은 바라이(波羅夷, ⓢpārājika)라고도 한역하는데, 보살이 결코 범해서는 안 되는 중죄(重罪)이다. 이런 까닭에 부파의 율장에서는 중죄인 네 가지 바라이를 범하면 교단에서 추방되었다. 반면에 보살계에서는 중죄인 네 가지 타승처를 범하더라도 다시 계를 받을 수 있다. 만약 공덕을 갖춘 뛰어난 보살을 만나지 못한다면 불상을 향해 스스로 보살계를 받을 수도 있다.

참죄갈마에서는 참회하는 법이 구체적으로 제시된다. 만약 계를 범했다면, 보살은 반드시 참회해서 죄를 없애야 한다. 그래야만 그의 마음이 다시 청정해질 수 있기 때문이다. 보살이 다른 이에게 자신의 잘못을 고백하면서 진심으로 뉘우친다면, 그는 두 번 다시 그런 잘못을 저지르지 않을 것이다. 만약 자신의 잘못을 인정하지 않으면서 그것을 숨기려고 한다면, 그의 마음은 번뇌에 물들어서 청정해질 수 없을 것이다.

특사차별에서는 계를 버리는 경우는 두 가지라고 설한다. 첫 번째는 무상정등보리(無上正等菩提)의 서원을 버리는 경우이며, 두 번째는 상품전(上品纏)으로 타승처법을 범한 경우이다. 또 일단 계를 받는다면 죽은 후에도 계속되며, 다른 생에서 거듭 받아도 그것은 새로 받는 것이 아니라고 한다.

【30】

중국에서는 계와 율을 어떻게 받아들였나?

인도에서 탄생한 불교는 아시아 전역에 전해졌으며, 그 지역의 자연적·문화적 환경에 순응하면서 발전하였다. 이로 인해 각 지역에 정착된 불교는 인도와 다른 양상을 띠기도 하는데, 계율도 예외는 아니었다. 인도에서 계(戒, Ⓢśīla)는 주로 '습관적 행위'를 가리키며, 율(律, Ⓢvinaya)은 '출가자의 규율(規律)이나 그것을 수록한 문헌'을 가리킨다. 반면에 중국에서는 계와 율의 의미를 엄격히 구분하지 않고 계율로 총칭하는 경향이 있으며, 보살계를 계율의 연장선으로 이해하기도 한다.

계율에 대한 복합적 인식이 가능했던 이유에 대해 일본의 불교학자인 후나야마 도루(船山 徹)는 5세기의 상황을 꼽는다. 이 시기에 주요한 율장이 계속 한역되어 실천 기반으로서 쓰이는 한편, 그러한 '소승의 율'과는 별도로 '대승의 계'로서 보살계가 중국의 불교도 사이에 알려지고, 순식간에 보급되었기 때문이다. 당시의 한인 승려들은 부파의 율장을 교단의 운영 기반으로 삼았을 뿐만 아니라 실천 기반으로 삼으려고 하였다. 하지만 부파의 율장은 실천 기반으로는 충분하지 않았는데, 당시 중국은 인도와 여러 가지 면에서 달랐기 때문이었을 것이다. 이런 상황에서 담무참이 한역한 『보살지지경(菩薩地持經)』과 『우바새계경(優婆塞戒經)』, 구나발마(求那跋摩)가 한역한 『보살선계경(菩薩善戒經)』은 대안이 되었을 것이다. 담무참에 의해 중국문화권에 처음 전해진 보살계는 지지계(地持戒)로 불리면서 중국 전체에 영향을 미치게 된다.

그러나 부파 율장과 보살계의 양립은 중국불교가 해결해야 할 숙제 가운데 하나였을 것이다. 한편으로는 한인 승려들에 의해 부파 율장 가운데 하나인 『사분율』에 근거한 사분율종(四分律宗)이 형성되었으며, 그 계통을 이어받아 남산율종(南山律宗) 또는 남산종(南山宗)이 융성하게 되었다. 다른 한편으로는 보살계의 수계(受戒)가 유가계(瑜伽戒)에 의해 중층적으로 이루어졌다. 다시 말해 출가자에게는 오계, 사미·사미니계, 구족계, 보살계의 순서로 수계하는 것이 전통이 되었으며, 재가자에게는 『우바새계경』에 의해 수계하는 것이 전통이 되었다.

여기서 한 가지 짚고 넘어가야 할 것은 일본의 불교학자인 모리 쇼우지(森 章司)가 지적한 '계(戒) 정신의 변용'이다. 애초에 출가자와 재가자가 공통으로 받들어야 마땅했던 계에, 출가자와 재가자라는 구별이 생기게 되었다는 것이다. 이것은 최근의 연구 성과에 비추어 보아도 대승계, 즉 보살계의 정신과 동떨어진 것으로 여겨진다. 유가계 관련 문헌을 살펴보면 보살계는 출가 보살 중심의 『보살선계경』과 재가 보살 중심의 『우바새계경』에서 모든 보살을 대상으로 하는 『보살지지경』과

『유가론』의 보살지로 정비되었기 때문이다. 출가 교단과 재가 신자라는 이원적 구조를 유지하기 위한 것일 수도 있지만, 대승계 정신의 변용이라는 평가는 피할 수 없을 것이다.

이처럼 유가계는 인도 대승계의 정점(頂點)으로 여겨지지만, 중국에서는 부파 율장의 연장선에서 수용 및 변용되어서 그 장점이 드러나지 못한 것으로 여겨진다. 아울러 중국에서 찬술된 것으로 여겨지는『범망경』과『보살영락본업경(菩薩瓔珞本業經)』에 근거한 범망·영락의 대승계가 점차 유가계를 대체하게 된다. 일본의 불교학자인 오키모토 가츠미(沖本 克己)는 두 경전을『유가론』의 통불교적 성격에 대해 순대승적 성격을 간직한 것으로 파악하기도 한다. 여하튼 두 경전이 동아시아불교에 미친 영향은 지대하며, 특히『범망경』의 십중(十重)·사십팔경계(四十八輕戒)는 오늘날까지도 보살계를 대표하는 것으로 인식되고 있다.

【31】

보살계는 범망계

우리나라를 비롯한 동아시아 불교권에 정착된 보살계는 범망계(梵網戒)라고 해도 과언이 아닐 것이다. 우리나라에서는 여전히 재가자와 출가자 모두가 보살계로 범망계를 받고 있기 때문이다. 재가자는 오계를 받고서 보살계를 받으며, 출가자는 비구·비구니계를 받고서 보살계를 받는다. 또 고기나 오신채(五辛采)를 먹지 않는 사찰음식 문화도 범망계에서 비롯된 것임은 두말할 나위가 없다. 아울러 동아시아 불교권에서 행해졌던 소신(燒身)·소지(燒指) 등의 사신행(捨身行)도 범망계에 근거한 보살 수행이다. 이처럼 범망계는 오늘날까지도 재가자와 출가자의 일상생활뿐만 아니라 보살 수행에도 큰 영향을 미치고 있다.

범망계는 5세기경에 중국에서 성립된 것으로 추정되는 『범망경』의 하권에 나오는 보살계이다. 이 경전은 구마라집이 한역한 것으로 되어 있지만, 실은 구마라집과 아무런 관련이 없다. 이 경전의 원래 명칭은

『범망경노사나불설보살심지계품(梵網經盧舍那佛說菩薩心地戒品)』이며, 줄여서 『범망계품(梵網戒品)』이라고도 한다. 이 경전은 상권과 하권으로 구성되어 있는데, 상권보다 하권이 널리 알려져 있다. 6세기 이후에는 보살계를 설한 경전으로 중시되어 중국뿐만 아니라 우리나라에서도 활발히 연구되었다. 수많은 주석서 가운데 주요한 것으로 지의(智顗)의 『보살계의소(菩薩戒義疏)』, 법장(法藏)의 『범망경보살계본소(梵網經菩薩戒本疏)』, 태현(太賢)의 『범망경고적기(梵網經古迹記)』 등을 꼽을 수 있다.

상권에서는 보살의 수행단계를 마흔 항목으로 나누어서 설명하는데, 여기에서는 수행자의 마음에 초점을 두고서 네 단계에 각각 열 항목씩 순서대로 수행해나가는 것을 설한다. 제1단계인 십발취심(十發趣心)은 수행의 출발점이며, 여기에는 사심(捨心), 계심(戒心), 인심(忍心), 진심(進心), 정심(定心), 혜심(慧心), 원심(願心), 호심(護心), 희심(喜心), 정심(頂心)이 있다. 제2단계인 십장양심(十長養心)은 수행의 육성이며, 여기에는 자심(慈心), 비심(悲心), 희심(喜心), 사심(捨心), 시심(施心), 호어심(好語心), 이익심(利益心), 동심(同心), 정심(定心), 혜심(慧心)이 있다. 제3단계인 십금강심(十金剛心)은 견고한 마음이며, 여기에는 신심(信心), 염심(念心), 회향심(廻向心), 달심(達心), 직심(直心), 불퇴심(不退心), 대승심(大乘心), 무상심(無相心), 혜심(慧心), 불괴심(不壞心)이 있다. 제4단계인 십지(十地)는 수행의 완성이며, 여기에는 체성평등지(體性平等地), 체성선혜지(體性善慧地), 체성광명지(體性光明地), 체성이염지(體性爾焰地), 체성혜조지(體性慧照地), 체성화광지(體性華光地), 체성만족지(體性滿足地), 체성불후지(體性佛吼地), 체성화엄지(體性華嚴地), 체성입불경지(體性入佛界地)가 있다.

이를 정리하면 제1단계부터 제3단계까지는 보살 수행의 준비단계를 나타낸 것이며, 제4단계는 보살 수행의 완성을 나타낸 것이다. 이 가운데 제4단계의 십지는 『화엄경』에 설해진 보살십지(菩薩十地)와 상당히 유사하다. 특히 하권에는 보살이 불도(佛道)를 수행하는 과정에서 반드시 지켜야 할 계가 설해지는데, 이것을 따로 떼어 보살계본(菩薩戒本)이라고 한다. 여기에서 십중계(十重戒)와 사십팔경계(四十八輕戒)가 설해지는데, 이것을 범망계라고 한다.

십중계는 열 가지 무거운 계이며, 십중대계(十重大戒) 또는 십중금계(十重禁戒)라고도 한다. 원래 십중(十重)이란 말은 율장에서 바라이죄(波羅夷罪), 즉 교단에서 추방하는 계목(戒目)에 해당하는 것이다. 『범망경』에서는 만약 십중계를 범하면 삼악도(三惡道)에 떨어지기 때문에 결코 범해서는 안 되는 계라고 설한다. 십중계는 재가자와 출가자 모두에게 공통된 계이며, 이것을 범한다면 보살로서의 기본 자격이 상실되는 것이라고 보았기 때문이다.

열 가지 무거운 계는 열 가지 행동을 금지하는 것으로 그 내용은 다음과 같다.

①살생하지 말아야 하며〔不殺生〕, ②도둑질하지 말아야 하며〔不偸盜戒〕, ③음행하지 말아야 하며〔不婬〕, ④거짓말하지 말아야 하며〔不妄語〕, ⑤술을 팔지 말아야 하며〔不酤酒戒〕, ⑥사부대중의 허물을 말하지 말아야 하며〔不說四衆過〕, ⑦자신을 칭찬하고 남을 헐뜯지 말아야 하며〔不自讚毁他〕, ⑧내 것을 아끼려고 남을 헐뜯지 말아야 하며〔不慳惜加毁〕, ⑨성내어 참회를 물리치지 말아야 하며〔不瞋心不受悔〕, ⑩삼보(三寶)를 비방하지 말아야 한다〔不謗三寶〕.

그렇지만 여기에서 중요한 것은 '~하지 말라'가 아니라 다른 이를 위해서 '~을 하라'는 것이다. 다시 말해 단순히 악행을 금지하는 것이 아니라 다른 이를 위해 적극적으로 선행을 할 것을 권장하는 것이다. 이런 의미에서 본다면 보살은 마땅히 다음과 같이 해야 한다.

①항상 자비심으로 중생을 구호해야 하며, ②중생을 도와서 복락을 얻게 하며, ③항상 효순심을 내어 일체중생을 제도하고 정법(正法)을 일러주어야 하며, ④일체중생에게 바른 말과 바른 견해를 갖게 하여야 하며, ⑤중생에게 밝고 빛난 지혜를 내게 해야 하며, ⑥불법(佛法)을 비법(非法)이나 비율(非律)이라고 하는 이를 제도해야 하며, ⑦중생을 대신하여 오히려 훼욕(毁辱)을 받아야 하며, ⑧빈궁한 사람이 와서 요구하는 바가 있으면 내주어야 하며, ⑨끝없는 자비심으로 중생을 평화롭게 해야 하며, ⑩삼보를 비방하는 외도의 소리만 들어도 300개의 칼끝으로 가슴을 찌르는 듯 여겨야 한다.

이처럼 십중계는 표면적으로는 열 가지 항목을 범하지 않는 것을 설하지만, 금계(禁戒)의 내용을 긍정적으로 표현하면서 선행할 것을 강조한다. 요컨대 십중계는 단순히 금계(禁戒)를 지키는 것에 머무는 것이 아니라 적극적으로 보살행을 실천하는 것이라고 할 수 있다.

사십팔경계는 마흔여덟 가지 가벼운 계를 가리키며, 십중계에 비해 가벼운 것이지 가볍게 여겨도 되는 계는 아니다. 이 계는 사십팔계(四十八戒) 혹은 사십팔경구죄(四十八輕垢罪)라고도 한다. 이 가운데 서른 가지 계는 재가자와 출가자 모두에게 공통되는 것이지만, 열여덟 가지 계는 그렇지 않다. 재가자에게 해당하는 것은 세 가지 계이며, 출가자에게 해당하는 것은 열다섯 가지 계이다. 이를테면 '별청(別請)을 받지 말라'는 계는 출가자에게 해당하며, '승려를 별청(別請)하지 말라'는 계는 재가자에게 해당한다. 따라서 마흔여덟 가지 가벼운 계는 대상에 따라 지켜야 하는 계가 조금씩 다르며, 이것은 일상생활에서 지침으로 삼아야 하는 세세한 규칙이라고 할 수 있다.

【32】

모든 계의 근본, 삼수문

인도에서 성립한 불교가 동아시아에 정착하면서 이전과 다른 양상을 띠는 것은 너무나 자연스러운 현상이다. 어떤 이는 인도불교와 다른 이질적인 모습에 대해 우려하기도 하지만, 그것이 동아시아불교의 특징이기도 하다. 예전에는 중국에서 찬술된 경전을 위경(僞經)으로 부르면서 낮게 평가했지만, 최근에는 중국화된 경전의 내용에 관심을 기울이기도 한다. 이를 통해 당시 중국인들에게 영향을 미친 경전의 내용뿐만 아니라 그들이 첨가한 내용도 알 수 있기 때문이다.

여러 대승 경전을 소재로 한 『범망경』에는 불성(佛性)이 계(戒)의 근본이 되어 성불할 수 있다고 설하며, 부모에 대한 효(孝)가 강조되어 있다. 다시 말해 이 경전에는 남북조 시대에 큰 영향을 미쳤던 『열반경』의 불성 사상과 중국인들이 중요시하는 효순(孝順)이 스며들어 있다. 이로 인해 동아시아에 범망계가 큰 거부감 없이 수용되었던 것으로 여겨지기도 한다. 반면에 이 경전에는 유가계의 삼취정계에 대한 언급은 보이지 않는다. 아마도 불성 사상을 바탕으로 하는 이 경전에서는 일천제(一闡提)는 성불할 수 없다는 유식학파의 주장을 받아들일 수 없었기 때문일 것이다.

그러나 유가계에서 설하는 삼취정계는 대승불교의 보살계를 대표하는 개념으로서 매우 중요하다. 이런 까닭에 5세기 후반, 중국에서 성립된 것으로 여겨지는 『보살영락본업경(菩薩瓔珞本業經)』에서는 『범망경』을 소재로 하면서도 삼취정계를 수용하고 있다. 이 경전의 「대중수학품(大衆受學品)」에서는 '모든 계의 근본'을 삼수문(三受門)이라고 설한다. 즉 섭선법계(攝善法戒)는 팔만사천(八萬四千)의 법문이며, 섭중생계(攝衆生戒)는 자(慈)·비(悲)·희(喜)·사(捨)이며, 섭율의계(攝律儀戒)는 십바라이(十波羅夷)라고 설한다. 눈에 띄는 변화는 『범망경』에서 설하는 십바라이를 섭율의계로 규정한 것이다. 이런 변화가 의미하는 것은 『범망경』의 십중계(十重戒)를 수지하고 있다면 보살계가 성립한다는 것이다.

반면에 『보살영락본업경』에서는 『범망경』의 사십팔경계를 구체적으로 언급하지 않는다. 다만 팔만위의계(八萬威儀戒)를 경계(輕戒)라고 부르며, 만약 범한다면 잘못을 참회하여 그것을 소멸시킬 수 있다고 설한다. 이런 입장은 팔만위의계를 가볍게 여기는 것이라기보다 십중계를 반드시 지켜야 하는 십바라이로 인식한 것으로 볼 수 있다. 그 이유는 십중계를 범한다면 참회할 수 없고, 다시 계를 받아야 하기 때문이다. 이런 까닭에 이 경전에서는 십바라이를 십무진계(十無盡戒)로 부르고 있다. 보살은 ①살생하지 말아야 하며, ②거짓말하지 말아야 하며,

③음행하지 말아야 하며, ④남의 것을 훔치지 말아야 하며, ⑤술을 팔지 말아야 하며, ⑥고의로 재가나 출가의 허물을 말하지 말아야 하며, ⑦인색하지 말아야 하며, ⑧화내지 말아야 하며, ⑨고의로 자신을 칭찬하면서 남을 헐뜯지 말아야 하며, ⑩고의로 삼보장(三寶藏)을 비방하지 말아야 한다. 아울러 이 경전에서는 "모든 보살의 범성계(凡聖戒)는 모두 마음을 체(體)로 한다."는 점을 강조한다.

사실 『보살영락본업경』의 요지는 마흔두 가지 현성법(賢聖法), 즉 십주(十住)·십행(十行)·십회향(十回向)·십지(十地)와 무구지(無垢地)·묘각지(妙覺地)의 실천이다. 이러한 보살의 계위(階位)는 『화엄경』의 영향을 많이 받은 것으로 여겨지는데, 이 경전에서는 십주 이전에 십신심(十信心)을 첨가하기도 한다. 이로 인해 후대에 이 경전은 보살계보다 보살의 수행 계위를 설한 경전으로 인식되고 있다. 그러나 보살계는 보살이 불도(佛道)를 수행하는 과정에서 반드시 지켜야 할 계라는 점을 잊지 말아야 한다. 다시 말해 보살의 수행과 보살계는 서로 떼려야 뗄 수 없는 관계이다.

【33】

점치는 것보다 중요한 것은 참회, 점찰참법

동아시아불교에 대한 수많은 편견은 아마도 순수한 형태의 불교에 대한 추구에서 비롯된 것일지도 모른다. 미국의 불교학자인 베르나르 포르(Bernard Faure)는 '미신적 요소가 없는 순수한 불교'에 대한 믿음이 편향된 생각을 만들어낸다고 말한다. 아울러 불교는 시대, 장소, 전파된 문화권에 따라 영향을 받으며 끊임없이 변화해왔다는 점을 강조한다. 다시 말해 동아시아불교는 오랜 세월 동안 동아시아의 문화를 흡수하면서 변화한 형태라는 사실을 잊어서는 안 된다. 이런 관점에서 보면 『점찰선악업보경(占察善惡業報經)』은 동아시아의 문화를 흡수한 경전으로 평가할 수 있을 것이다.

이 경전은 천축삼장(天竺三藏) 보리등(菩提燈)의 한역으로 되어 있지만, 그에게는 전기(傳記)도 없을 뿐만 아니라 다른 경전을 한역하지도 않았다. 이로 인해 이 경전은 여러 경전 목록에서 위경(僞經)으로 분류되었지만, 당나라 때에 진경(眞經)으로 판정되었다. 그러나 경전의 내용으로 미루어보면 6세기 말에 중국에서 찬술된 경전인 것으로 여겨진다. 이 경전에서는 견정신(堅淨身) 보살의 청문(請問)에 대해, 세존이 지장(地藏) 보살에게 말세의 중생을 위한 방편을 설하도록 한다. 경전은 두 권으로 구성되어 있지만, 그 내용이 다소 이질적이다. 상권에서는 숙세(宿世)의 선악업인(善惡業因)과 현세의 길흉의 과보(果報)를 점치는 법을 설하며, 하권에서는 대승불교의 실천으로서의 일실경계(一實境界), 여래장(如來藏)의 이론과 유식관(唯識觀) 및 진여관(眞如觀)을 설한다.

특히 상권에 소개된 목륜상법(木輪相法)은 당시 중국의 민간에서 성행하던 점찰법(占察法), 즉 점치는 법이 반영된 것으로 여겨진다. 우선 점찰하는 도구인 목륜(木輪)을 만드는 방법이 소개되어 있다. 목륜은 나무를 새끼손가락 크기 정도로 깎고서 중심부를 사면체(四面體)로 다듬어놓은 후에 양 끝을 비스듬히 깎아서 만든다. 그런 다음에 목륜으로 점찰하는 세 가지 방법이 소개되어 있다. 첫 번째 방법은 열 개의 목륜으로 숙세의 선악업의 차별을 점치는 것이다. 두 번째 방법은 세 개의 목륜으로 숙세의 선악업의 오래되고 가까움, 강하고 약함, 크고 작음을 점치는 것이다. 세 번째 방법은 여섯 개의 목륜으로 삼세에서 받는 과보의 차별을 점치는 것이다.

그런데 목륜으로 선악과 과보를 점찰하는 방법보다 더 중요한 것은 그 목적이다. 첫 번째 방법으로 십선(十善)과 십악(十惡)을 점찰할 수 있으며, 두 번째 방법으로 신구의(身口意)의 삼업(三業)을 점찰할 수 있으며, 세 번째 방법으로 삼세에서 받는 백여든아홉 가지 과보를 알 수 있다. 앞의 두 가지 방법으로 점찰한다면 십선과 삼업에서 전부 선업(善

業)이 나올 확률은 낮으며, 십악 가운데 하나가 나오거나 삼업 가운데 악업(惡業)이 나올 확률이 높다.

이런 까닭에 자신의 선악과 과보를 점찰한 사람들은 자신의 악업을 없애기 위해 반드시 참회해야 한다. 하루에 여섯 번 모든 부처님과 성현, 그리고 지장보살에게 예배한 후에 죄의 경중(輕重)에 따라 7일에서 1,000일 동안 자신의 죄를 뉘우쳐야 한다. 진실한 참회를 통해 선상(善相)을 얻은 사람들만이 보살계를 받을 수 있으며, 비록 훌륭한 계사(戒師)가 없더라도 모든 불보살을 증명 법사로 삼아 스스로 십중계와 삼취정계를 차례로 얻을 수 있다고 한다.

이 경전에서는 『범망경』의 십중계를 그대로 수용하고 있으며, 유가계의 삼취정계를 섭율의계(攝律儀戒)·섭선법계(攝善法戒)·섭화중생계(攝化衆生戒)로 조금 변형하고 있다. 눈에 띄는 것은 자서수계(自誓受戒)에 의한 출가를 인정하는 것인데, 그 전제조건은 지극한 마음으로 선한 윤상(輪相)을 얻는 것이다. 따라서 상권의 점찰법은 점찰참법(占察懺法), 즉 점찰의 결과를 받아들여 자신의 악업을 참회하도록 한 것이라고 할 수 있다.

【34】

육조 혜능의 보살계, 무상계

동아시아인들은 보리달마(菩提達磨)를 비롯한 선사(禪師)들을 '모든 형식이나 격식을 벗어나 궁극의 깨달음을 추구하는 사람'으로 여기고 있다. 이런 이미지로 인해 선사들은 깨달음을 중시한 나머지 계율을 경시할 것으로 오해하기도 한다. 그렇지만 초기 선종(禪宗)에서는 불성 사상에 바탕을 둔 범망보살계(梵網菩薩戒)를 중시했으며, 독자적인 보살계와 수보살계의(授菩薩戒儀)가 있었던 것으로 여겨진다. 다시 말해 처음에는 널리 유행했던 범망계를 수용했지만, 점차 그 세력이 커지면서 새로운 보살계와 그것을 줄 때 일정한 의식작법이 있었던 것으로 여겨진다.

특히 육조(六祖) 혜능(惠能)의 언행을 기록한 책인 『육조단경(六祖壇經)』은 동아시아에 널리 유포되어 여러 차례 간행되었다. 수많은 판본 가운데 가장 오래된 것으로 여겨지는 돈황본 『육조단경』에는 보살계인 무상계(無相戒)와 그것을 줄 때의 의식작법인 오문계의(五門戒儀)가 소개되어 있다. 사실 이 책은 자사(刺史) 위거(韋璩)의 청에 응해 혜능이 소주(韶州)의 대범사(大梵寺)에서 수계(授戒)를 거행할 때 행한 설법을 기록한 것이다. 다시 말해 혜능이 출·재가자를 막론한 모든 불자에게 보살계인 무상계를 줄 때 행한 설법이다.

무상계를 줄 때의 의식작법인 오문계의는 ①귀의자삼신불(歸依自三身佛)의 삼창(三唱), ②사홍서원(四弘誓願)의 삼창(三唱), ③무상참회(無相懺悔)의 삼창(三唱), ④자성삼귀의계(自性三歸依戒), ⑤반야바라밀법(般若波羅蜜法)이다. 물론 여기에 소개된 오문계의는 당시에 일반적으로 사용되었던 보살계의의 양식에 의한 것이겠지만, 이 의식작법은 매우 간단한 것이라고 할 수 있다. 또 여기에는 일반적인 보살계의의 중심이 되는 삼취정계(三聚淨戒)나 십중금계(十重禁戒)는 보이지 않는다.

일본의 불교학자인 야나기다 세이잔(柳田聖山)은 오문계의 가운데 삼신불(三身佛)은 통상의 삼신불과는 순서가 다르다고 지적한다. 여기서 삼신불은 청정법신불(淸淨法身佛), 천백억화신불(千百億化身佛), 당래원만보신불(當來圓滿報身佛)이다. 그는 이 부분을 다른 계의(戒儀)에서 청사(請師)에 해당하는 것으로 보며, 도안(道安)이 맨 처음 제창한 식전주원(食前呪願)의 십불명(十佛名)에서 유래한 것으로 본다. 즉 십불명 가운데 최초의 청정법신비로자나불(淸淨法身毗盧遮那佛)과 두 번째의 원만보신노사나불(圓滿報身盧舍那佛)을 일괄해서 청정법신불로, 세 번째의 천백억화신석가모니불(千百億化身釋迦牟尼佛)을 천백억화신불로, 네 번째의 당래하생미륵존불(當來下生彌勒尊佛)을 당래원만보신불로 했다는 것이다. 아울러 그는 삼신불을 청해서 수계의 계화상(戒和尙)이나 아사리(阿闍梨)가 되게 하는 발상은 기존의 전통을 새롭게 한 것이라고 주장한다.

그런데 삼신불의 순서만 다른 것이 아니라 그 의미도 이전과 다르다. '청정법신불'은 태양과 구름에 비유되는데, 청정한 자성(自性)은 번뇌에 가려져 있다고 하더라도 항상 청정한 상태이기 때문이다. 이런 까닭에 선지식의 법문을 듣고 깨닫는다면 일체 법이 본래 청정한 자성에 있었음을 알게 되는 것과 같이 자신의 청정법신불을 볼 수 있다고 한다. '천백억화신불'은 중생을 제도하는 화신불이 아니라 스스로 생각을 선하게 하여 지혜가 생기도록 하는 것이다. '당래원만보신불'은 등불에 비유되는데, 등불이 어둠을 제거하고 지혜가 만년의 어리석음을 없애는 것과 같이 지금의 한 생각이 올바른 것을 보신이라고 한다. 따라서 삼신불은 모두 자성에서 비롯된 하나의 자성불(自性佛)인 줄 알고 귀의하는 것이다. 사실 스스로 삼신불에게 귀의하는 단계에서 청사(請師)와 수계(受戒)가 이미 완료된 것이어서 자수자서(自受自誓)의 경향이 강한 대승계의(大乘戒儀)라고 할 수 있다.

【35】

『육조단경』의 무상삼귀의계

동아시아에서 경전에 버금가는 권위를 가졌던 『육조단경(六祖壇經)』은 판본에 따라 내용이 조금씩 달라진다. 그 이유에 대해 일본의 불교학자인 이부키 아츠시(伊吹敦)는 선종의 전개를 반영한 것으로 파악한다. 돈황본에는 혜능의 현창(顯彰)에 힘썼던 하택(荷澤) 신회(神會)의 가르침이 제자들에 의해 덧붙여졌으며, 다시 후대에 선종의 주류를 차지하게 된 홍주종(洪州宗) 사람들의 설이 덧붙여져 오늘날 전하는 『육조단경』이 성립되었다고 한다. 이런 관점에서 보면 수보살계의(授菩薩戒儀)가 조금씩 달라지는 것은 너무나 당연한 결과일 것이다.

여러 판본 가운데 주요한 것만 간추리면 다섯 가지 정도 되는데, 가장 오래된 것으로 여겨지는 돈황본, 혜흔본 계통의 대승사본(大乘寺本)과 흥성사본(興聖寺本), 설숭본 계통의 덕이본(德異本)과 종보본(宗寶本)을 꼽을 수 있다. 이 가운데 돈황본을 제외한 나머지 판본은 대체로 수

보살계의가 비슷하다. 돈황본과 달리 네 가지 판본에는 자성오분법신향(自性五分法身香), 무상참회(無相懺悔), 사홍서원(四弘誓願), 무상삼귀의계(無相三歸依戒), 삼신자성불(三身自性佛)의 순서로 되어 있다.

네 가지 판본은 모두 자성오분법신향으로 시작하는데, 이는 당시 불교 의례를 반영한 것으로 여겨진다. 모든 의례가 공양물을 올리고 향을 사르면서 시작되듯이, 다섯 개의 법신향으로서 공양을 올리고 시작하는 것이다. ① 계향(戒香)은 자기 마음속에 악함이나 질투, 탐욕, 성냄 등이 없는 것이다. ② 정향(定香)은 산악의 경계에 자기 마음이 동요하지 않는 것이다. ③ 혜향(慧香)은 걸림 없는 지혜로 선행에 집착하지 않고 외롭고 가난한 이를 가엾게 여기는 것이다. ④ 해탈향(解脫香)은 마음에 반연(攀緣)이 없어서 자재무애(自在無礙)한 것이다. ⑤ 해탈지견향(解脫知見香)은 자성의 참 성품이 공(空)에 빠지거나 고요함에 머무르는 것이 아니라 항상 여여(如如)한 것이다.

또 네 가지 판본에는 무상참회와 사홍서원의 순서가 바뀌어 있다. 돈황본에서는 사홍서원을 한 후에 무상참회를 했지만, 네 가지 판본에서는 무상참회를 한 후에 사홍서원을 한다. 무상참회는 과거의 생각, 미래의 생각, 현재의 생각이 생각마다 어리석음과 미혹에 물들지 않고 자기의 성품에서 지난날의 악행을 일시에 없애버리는 것이다. 사홍서원은 끝없는 중생을 제도하고, 끝없는 번뇌를 끊고, 끝없는 법문을 배우고, 위없는 불도(佛道)를 이루겠다고 서원하는 것이다. 여기서 중생은 자기 자신의 성품 속에 있는 번뇌와 어리석음, 미혹을 뜻한다. 따라서 바른 견해로써 깨우쳐 반야(般若)의 지혜로 제거해버리면 본래 자기 성품 속에 있던 깨달음의 성품이 나타나게 되므로 결국 중생을 제도하는 것이 된다. 또 자기 마음에 있는 허망함을 스스로 제거하고, 위없이 바른 법을 배우고, 스스로 깨쳐 불도를 이루는 것이다.

돈황본과 달리 네 가지 판본에서는 사홍서원을 마치고 나서 무상삼귀의계를 받는다. 삼귀의의 대상은 모두 깨달음〔覺〕, 올바름〔正〕, 청정함〔淨〕으로 동일하다. 첫째는 자기의 마음이 깨달음에 귀의하여 삿되고 미혹함이 생겨나지 않고 적은 욕심으로 만족할 줄 알아 재물을 여의고 색(色)을 여의는 것이다. 둘째는 자기의 마음이 올바름으로 돌아가 생각 생각마다 삿되지 않은 까닭에 곧 애착이 없는 것이다. 셋째는 자기의 마음이 청정함으로 돌아가 일체 번뇌와 망념이 비록 자성에 있으나 물들고 집착하지 않는 것이다. 범부는 삼귀의계를 받고도 귀의할 대상인 부처를 밖에서 찾지만, 우리 안에 있는 부처인 자기 성품에 귀의하지 않으면 돌아갈 곳이 없는 것이다. 따라서 보살은 심지(心地)에 그릇됨이 없는 자성계(自性戒)에 귀의해야 한다. 혜능은 본래 청정하게 자성에 갖추어져 있는 계인 자성계를 설하는데, 이는 『범망경』의 입장과 다르지 않다. 이런 까닭에 자기 성품이 본래 청정한 줄 알면 바로 모든 계가 원만히 이루어진다고 하는 것이다.

【36】

출가자의 생활 규범집, 청규

중국에 불교가 전래된 시기에 대해서는 여러 가지 이견이 있지만, 대체로 서력(西曆) 기원을 전후한 무렵으로 보고 있다. 불교는 중국의 사상이나 문화와는 전혀 다른 이질적인 것이었지만, 점차 중국인에게 친숙한 모습으로 변하면서 널리 받아들여지게 되었다. 계율도 마찬가지여서 중국이라는 새로운 문화 환경에 완벽히 적응한 '중국적인 계율'이 출현하게 된다. 특히 출가자의 일상생활과 관련이 깊은 율(律)은 중국인에게 적합한 형태로 차츰 변하게 된다.

중국의 출가 교단에서는 일찍부터 생활 규범으로서 일정한 형태를 정비했던 승제(僧制)가 존재하고 있었다. 대표적인 것으로 도안(道安)의 「승니궤범불법헌장삼례(僧尼軌範佛法憲章三例)」를 꼽을 수 있다. 다수의 수행자가 공동생활을 하거나, 새로 출가한 이가 공동생활에 합류할 적에 모두가 지켜야 할 생활 규범이 있어야 했기 때문이다. 그러나 도안의 승제만으로는 변화하는 시대나 사회 환경에 적용하는 데 한계가 있었기 때문에 수많은 규범집이 등장하게 된다.

가장 광범위하고 체계적인 규범집으로 '청규(淸規)'를 꼽을 수 있는데, 여기에는 선종 교단인 총림(叢林)에서 지켜야 할 생활 규범이 망라되어 있다. 최초의 청규는 당나라 중기에 백장산(百丈山)의 회해(懷海) 선사가 제정한 『백장청규(百丈淸規)』이지만, 현존하지 않는다. 이 청규는 고청규(古淸規)라고도 불리는데, 814년에 제정되었다고 한다. 현존하는 『백장청규』는 원대(元代)에 성립한 『칙수백장청규(勅修百丈淸規)』인데, 당대(唐代)의 『백장청규』와는 전혀 다른 내용이다. 현존하는 가장 오래된 청규는 1103년에 자각(自覺) 종색(宗賾) 선사가 지은 『선원청규(禪苑淸規)』이다. 그는 회해 선사의 『백장청규』의 정신을 되살리고자 5년 동안 각지의 총림을 방문해서 여러 생활 규범을 살펴본 후에 그것을 총망라한 청규를 찬술했다.

종색 선사가 『선원청규』를 찬술했던 북송(北宋) 시대는 비교적 안정적인 상황이었으며, 당시 불교의 주류였던 선종 교단의 규모는 제법 큰 편이었다. 이에 따라 총림의 운영도 기구의 설치를 통해 체계적으로 이루어지게 된다. 총림의 운영은 주지(住持)를 중심으로 하여 각기 역할을 달리하는 동반(東班)과 서반(西班)의 직역자들에 의해 운영되었다. 동반은 사원의 경영을 주로 담당했으며, 사지사(四知事)로 불리는 감원(監院), 유나(維那), 전좌(典座), 직세(直歲) 등으로 구성되었다. 서반은 주로 선승의 수행과 교육을 담당했으며, 육두수(六頭首)로 불리는 수좌(首座), 서기(書記), 장주(藏主), 지객(知客), 욕주(浴主), 고두(庫頭) 등으로 구성되었다. 이외에 장원(莊園)의 관리와 수세를 담당하는 장주(莊主), 시장과 거리에서 권화(勸化)하여 단월(檀越)을 획득하는 화주(化主)

도 있었다. 일본의 불교학자인 이부키 아츠시(伊吹敦)는 장주와 화주와 같은 직역들이 나타나는 것은 선종 사원의 경제가 자급자족적인 것에서 장원 경영과 단월에 의존하는 것으로 전환되었음을 보여주는 것으로 파악한다. 이런 변화는 자급자족만으로는 총림의 경제 체제를 유지할 수 없었기 때문에 생겨났을 것이다.

총림의 기구가 다양한 직역들에 의해 고정됨에 따라 수행 생활도 정비되어갔다. 5일마다 상당(上堂)이 행해지고, 3과 8로 끝나는 날(3, 8, 13, 18, 23, 28일)에는 만참(晩參)이 행해지는 등 매일매일의 생활도 정형화되어갔다. 축성(祝聖)과 삼불기(三佛忌)인 불강탄회(佛降誕會), 불성도회(佛成道會), 불열반회(佛涅槃會) 등의 연중행사도 점차 고정화되어갔고, 각종 의식과 의례도 자세히 규정되었다. 이에 따라 승려들의 일상생활도 차츰 형식화될 수밖에 없었을 것이다.

【37】

지금 우리에게 계율은 어떤 의미일까?

동아시아에 뿌리를 내린 불교는 분명히 인도불교와는 다른 양상으로 전개된 것이다. 즉 인도불교는 중국적인 불교로 변모하였으며, 중국화된 불교는 한국과 일본 등에 커다란 영향을 미쳤다. 특히 한국과 일본에서 불교는 외래문물이라기보다는 선진문물로 인식되었으며, 국가와 왕실의 주도로 적극적으로 받아들여졌다. 이로 인해 동아시아에서 불교가 번성할 수 있었으며, 그 결과 독자적인 불교사상과 문화가 형성될 수 있었다. 그러나 근세의 동아시아 각국에서 유교가 사회의 주류로 되면서 불교는 쇠퇴의 길로 접어들게 된다. 이에 따라 불교의 지위는 점점 낮아졌으며, 승려들의 자질과 교육수준도 점점 떨어졌다. 일부 승려들은 불교를 부흥시키려고 노력했지만, 그들의 힘만으로는 충분하지 않았다. 이처럼 불교는 주류문화에서 밀려나게 되었지만, 불교 신앙은 민간의 습속(習俗)을 흡수하여 더욱 활발해지게 되었다.

이런 상황에서 동아시아 각국은 서구 열강에 의해 달갑지 않은 근대화를 맞닥뜨리게 된다. 별다른 충돌 없이 근대문물을 받아들인 일본에서는 근대적인 불교 연구에 큰 관심을 보이게 된다. 서양에서 발달한 근대적 불교학은 영국과 프랑스의 식민지 연구 과정에서 생겨난 것이었다. 그 시작은 16세기 후반의 예수회에 의한 것이었으며, 기독교를 전파하기 위한 연구의 일환이었다. 일본의 유력 종파들은 기독교에 대항하기 위해 교단과 승려교육의 근대화에 박차를 가했으며, 유학생을 서양에 파견하여 근대 불교학을 배우게 하였다. 이런 노력으로 일본에서 불교는 근대사상으로 자리매김할 수 있었으며, 일본화된 근대 불교학은 한국과 중국 등에 영향을 미치게 된다. 특히 근대 한국불교는 근대화에 성공한 일본불교를 근대불교의 모델로 삼기도 했다. 그러나 일본이 설치한 조선총독부는 사찰령을 반포하여 한국의 불교계를 전면적으로 통제하기 시작하였다. 이런 움직임에 반발하여 한국불교계는 한국의 선종이 임제종(臨濟宗) 계통이라는 점을 강조하였으며, 한국불교의 독자성에 관한 연구에 매진하게 됐다.

동아시아에서 근대적 불교 연구가 이루어진 것은 환영할 만한 일이었지만, 근대화 과정에서 불교 전통의 붕괴라는 생각지도 못한 변화가 불교계에 찾아오기도 했다. 이 과정에서 특정 보살에 대한 숭배와 정체모를 의례가 한동안 유행하기도 했다. 미국의 불교학자인 베르나르 포르(Bernard Faure)는 근대화 과정으로 홍역을 치르고 있는 아시아 불교계의 모습을 실망스럽다고 말한다. 예전에는 종교 체험의 기회였고 험난하기만 했던 사찰 순례의 여로는 어느새 고속도로가 놓인 길로 변했고 주변에는 호텔과 유흥시설이 즐비하다. 또 경건해야 할 장소인 사찰은 관광명소로 둔갑하여 관광객들이 버리고 간 쓰레기 때문에 골치를 썩이고 있다. 그는 자본주의가 가져다주는 물질적 편안함은 금욕주의를 무너뜨리지만, 지나친 소비의 거부는 극단적인 종교 광신을 초래할 수 있다고 경고한다.

그렇다면 전쟁과 정치적 혼란을 넘어선 현대는 어떤가? 현대사회는 이전보다 물질적으로 풍요롭고 기술적으로 눈부시게 발전했지만, 우리 삶의 수준이 예전보다 훨씬 좋아졌다고 느끼지 못하고 있다. 어떤 이는 현실에 만족할 줄 모르기 때문이라고 하며, 어떤 이는 변화의 속도를 따라잡지 못하기 때문이라고 한다. 또 우리 삶의 여러 영역에서 예전에는 상상조차 하지 못했던 다양한 문제들이 발생하지만, 어떻게 대응해야 하는지 속수무책인 경우가 상당히 많다. 특히 삶과 죽음의 경계를 넘나드는 상황에서 불교사상 내지는 계율이 나침반의 역할을 할 수 있을지 곰곰이 생각해보아야 할 것이다.

【38】

윤리학으로 불교를 드러낼 수 있을까?

현대사회는 과학기술의 눈부신 발전과 물질적인 풍요로 한껏 치장되어 있지만, 현대인의 삶은 여전히 고단하다. 어떤 이들은 치열한 경쟁 속에서 살아남기 위해 눈앞의 이익에 몰두하며, 어떤 이들은 이렇게 살아도 괜찮은 것인지 고민하기도 한다. 그렇다면 우리는 어떤 삶을 살아야 하는가? 누구나 행복한 삶을 꿈꾸지만, 모두가 행복한 삶에 대해서는 다른 목소리를 내는 것이 현실이다. 나아가 인간다운 삶 내지는 바람직한 삶에 대한 기준이나 원칙도 각양각색이다.

평범한 삶을 살다가 때로는 도덕적 딜레마에 빠져 어떤 행동이 최선인지 고심하기도 한다. 그 결과를 예측하기 어려울 뿐만 아니라 그 결과에 따른 책임을 감당할 자신이 없기 때문일 것이다. 이러지도 저러지도 못하는 상황이 닥친다면 어떤 기준이나 원칙에 의해 행동해야 할까? 불자라면 불교사상이나 계율에 따라 행동해야 한다고 대답하겠지만,

실제로는 그렇지 않은 경우가 훨씬 더 많다. 이런 까닭에 바람직한 삶에 대한 기준이나 원칙을 모색하는 윤리학(倫理學)에 근거한 불교윤리(佛敎倫理)가 대안으로 여겨지기도 한다.

철학의 한 분야인 윤리학에서는 개인적으로는 좋은 품성을 실현하고 사회적으로는 인간관계를 규정하는 규범과 원리의 확립을 목적으로 한다. 따라서 행위의 기준이 되는 좋음(goodness)과 옳음(rightness)에 대한 구체적인 논의는 윤리학의 주제인 동시에 인간다운 삶, 즉 바람직한 삶에 대한 모색이라고 할 수 있다. 그렇다면 서양의 학문체계인 윤리학으로 동양의 불교사상을 드러낼 수 있을까? 이것이 가능하다면 불교윤리학에서는 불교적인 삶을 비교적 분명하게 정의할 수 있게 된다. 즉 개인적으로는 불교적인 품성을 실현하고 사회적으로는 불교적인 가치에 근거한 원리를 확립하는 것을 목적으로 해야 한다.

서양에서 불교윤리학에 대한 논의는 1960년부터 시작되었지만, 대체로 불교사상을 알기 쉽게 서술하는 데 치중하고 있다. 불교사상에 대한 윤리학적인 접근은 1990년부터 본격화되었는데, 대표적인 불교학자로 피터 하비(Peter Harvey)와 데미언 키온(Damien Keown)을 꼽을 수 있다. 특히 데미언 키온은 불교를 '목적론적 덕윤리(teleological virtue ethics)'로 이해하는 것이 가장 바람직하다는 견해를 밝히고 있다. 불교에서는 인간 잠재력의 완성으로서 열반(涅槃)이라는 목적을 전제하며, 이 목표는 팔정도(八正道)와 같은 실천 수행을 통해 실현되어야 한다는 것을 강조하고 있다. 인간완성은 목표의 실천을 통해 달성되는 도덕적이고 지적인 자기전환(self-transformation)이라는 것이다. 이러한 그의 이해방식은 서양 윤리학이라는 바탕에서 불교사상을 수용한 결과라고 할 수 있다. 이런 토대 위에서 그는 응용윤리학의 쟁점들에 대한 불교적인 해법을 모색하고 있다. 여기에서 주목해야 할 것은 불교윤리의 보편화 가능성이다.

불교는 붓다의 깨달음을 통해 구현된 종교이며, 깨달음의 추구는 모든 불교인들의 공통된 목표이다. 그런데 이 목표는 누군가에 의해 강요된 것이 아니라 스스로 선택하는 것이며, 절대자에 대한 맹목적인 헌신이나 복종을 통해서가 아니라 자신의 실천으로 달성되는 것이다. 따라서 불교의 목표를 실현하는 데서 무엇보다 중요한 것은 자율성이다. 이런 측면에서 불교윤리는 불교인의 윤리를 넘어서 세계인의 윤리, 즉 보편적인 윤리로 비상할 수도 있다. 불교는 오랜 세월에 걸쳐 아시아의 여러 지역에서 다양한 형태로 전개되었기 때문에 언뜻 보기에 일관된 가치체계가 없는 것으로 여겨질 수도 있다. 아시아의 전통문화를 흡수한 불교의 겉모습은 분명히 서양인에게 낯설게 여겨질 것이다. 우리에게 남은 과제는 불교적인 가치를 우리의 삶 속에서 구체화하는 것이다.

【39】

공리주의와 불교윤리, 무엇이 다를까?

인생은 선택의 연속이라고 하는데, 뜻하지 않게 도덕적 딜레마에 처하게 된다면 어떤 선택을 해야 할까? 대부분 자신에게 좋은 결과를 가져오는 선택을 하겠지만, 일부는 자신뿐만 아니라 다른 이에게도 좋은 결과를 가져오는 선택이 무엇인지 고민할 것이다. 흔히 전자의 입장을 이기주의(利己主義)라고 하며, 후자의 입장을 공리주의(功利主義)라고 한다. 대부분 평상시에는 이기주의를 강도 높게 비판하지만, 막상 자신의 상황이 되면 이기적으로 돌변하는 경우가 비일비재하다. 머릿속으로는 많은 이들의 행복을 추구해야 한다고 여기지만, 실제로는 자신의 행복만을 추구하는 것이다.

그러나 누구나 자기 자신의 쾌락을 최대한 추구하려 한다는 사실을 받아들인다면 자기 자신뿐만 아니라 다른 이, 나아가 사회 전체의 쾌락을 추구해야 할 것이다. 다시 말해 보편적 쾌락주의로서의 공리주의는 한 개인의 쾌락보다 사회 전체의 공중적(公衆的) 쾌락을 목적으로 삼는다. 이런 측면에서 본다면 공리주의는 이기적인 개인들이 조화롭게 공존하는 방법이기도 하다. 각 개인 간의 이익이 충돌하든, 개인의 이익과 공공(公共)의 이익이 충돌하든, 어느 한쪽의 일방적인 희생을 강요하기보다는 서로 간의 이익을 절충해야 하기 때문이다. 이로 인해 공리주의는 '최대 다수의 최대 행복'을 추구하는 윤리이론으로 널리 알려져 있다.

근대 영국의 철학자인 제러미 벤담(Jeremy Bentham)에 의해 주창된 공리주의(utilitarianism)는 목적론적 윤리체계로 목적을 기준으로 규범의 옳고 그름을 판단한다. 즉 어떤 행동을 평가할 때 그 행동이 결과적으로 얼마나 많은 행복을 산출해냈는지에 주목한다. 따라서 공리주의에서는 도덕적 딜레마에 처했을 경우 '모든 사람이 최대 다수의 최대 행복을 가져올 수 있도록 행위해야 한다'고 주장한다. 옳고 그름의 최종적 판단 근거는 본질적이고 궁극적인 선(善)인 '행복'이다. 따라서 어떤 행동에 대한 도덕적 평가도 그 행동이 얼마나 많은 행복을 가져오는가에 따라 내려진다. 다시 말해 공리주의는 결과주의(consequentialism)와 행복주의(eudaemonism)를 내세우는 결과론적 윤리설이라고 할 수 있다.

그렇다면 공리주의와 불교윤리는 어느 지점에서 맞닿을 수 있을까? 영국의 불교학자인 데미언 키온은 그 지점을 '행위의 선택에 있어서 결과에 대한 고려'로 파악한다. 수많은 경전에서는 불교도들에게 그들의 도덕적 선택의 결과에 대해 심사숙고할 것을 권유한다는 것이다. 즉 불교에서의 업(業)은 선한 행위와 미래의 행복 사이에 밀접한 관계가 있다고 가르치고 있다는 것이다. 공리주의에서 옳은 행위는 좋은 결과를 가져온다고 주장하듯이, 불교에서 선업(善業)은 좋은 과보를 받을 수 있는 행위로 설해진다는 것이다. 이런 경향은 대승불교에서 두드러지는데, 어떤 행동을 선택할 경우 더 많은 사람에게 이익을 줄 수 있는 방향으로 유도한다는 것이다. 나아가 대승의 선교방편론도 계율을 지키는 것보다 성공적인 결과를 우선시하는 것으로 여겨지기도 한다.

그러나 행위의 결과를 중시하는 공리주의와 달리 불교에서는 행위의 동기인 의도(cetanā)를 훨씬 더 중요하게 여긴다. 공리주의에서 옳은 행위는 좋은 결과를 가져오는 행위이지만, 불교에서는 좋은 행위이기 때문에 좋은 결과를 가져온다고 한다. 다시 말해 단순히 좋은 결과를 가져온다고 해서 좋은 행위가 아니라 좋은 의도에서 비롯된 행위가 좋은 결과를 가져온다고 여기는 것이다. 따라서 불교윤리에서는 좋은 의도를 가진 행위가 반복된다면 반드시 유익한 결과를 맺을 수 있다는 점을 강조한다.

【40】

의무론과 불교윤리, 무엇이 같을까?

누구나 어린 시절에 어른들로부터 '나중에 커서 어떤 사람이 되고 싶은가'라는 질문을 받았을 것이다. 대부분 특정한 직업을 가진 사람이 되고 싶다는 희망을 수줍게 말했을 것이다. 어린아이들의 장래 희망은 수시로 바뀌지만, 어른들은 아랑곳하지 않고 똑같은 질문을 하면서 많은 이들을 이롭게 하는 훌륭한 사람이 되어야 한다는 덕담을 했을 것이다. 그런데 많은 사람의 이익을 위해 누군가의 희생이 필요한 경우라면 어떻게 해야 하는가?

최대다수의 최대 행복을 부르짖는 공리주의의 문제점은 '이기적인 개인이 공익을 위해 자기희생을 감수할 수 있는가'이다. 이론적으로는 공익을 위해서라면 개인의 이익은 희생되어야 하지만, 이기적인 개인은 '왜 나만 손해를 보아야 하는지' 의아해할 것이기 때문이다. 이런 이론적 약점을 보완하기 위해 영국의 철학자인 헨리 시지윅(Henry Sidgwick)은 칸트 윤리학으로부터 직관주의적 요소를 도입하게 된다. 또 보편적 행복이라는 실질적 원리와 함께 몇 가지 형식적 원리를 전제한다. 즉 공정과 평등의 원리인 정의, 합리적 자기애의 원리인 타산, 모든 사람의 선을 지향하는 박애이다. 그러나 타산의 원리와 박애의 원리 사이에는 언제든 갈등이 생길 수밖에 없다. 이기적인 개인이 현재의 작은 행복보다 미래의 좀 더 큰 행복, 자신의 행복보다 타인의 좀 더 큰 행복을 추구할 것인지 장담하기 어렵기 때문이다. 이 딜레마는 모두의 행복을 위해 때로 개인의 행복이 희생될 수 있다는 것을 함축한다.

공리주의와 달리 임마누엘 칸트(Immanuel Kant)에 의해 주창된 의무론은 규범론적 윤리체계로, 행위 자체의 도덕적 속성으로 모든 규범의 옳고 그름을 판단한다. 다시 말해 의무론에서는 어떤 종류의 행동이 언제나 어떤 종류의 환경에서 그 행동의 결과와 상관없이 옳거나 그르다고 주장한다. 이는 행위 자체의 속성을 따지는 것으로 동기론적 윤리설이라고 할 수 있다. 따라서 의무론에서는 의무, 즉 의로운 삶과 합리적 이성을 중시하고 이상주의적 경향을 띤다.

공리주의에서의 행복은 행복한 삶과 감각적 경험을 중시하고 현실주의적 경향을 띠기 때문에 사실 불교에서 말하는 행복과는 거리가 멀다. 불교에서는 감각적 쾌락의 덧없음을 설하면서 자기뿐만 아니라 다른 이들에게 도움이 되는 긍정적인 목표인 열반을 추구해야 한다고 설한다. 불교, 특히 대승불교에 공리주의적인 측면이 있기는 하지만 대승불교에서 강조하는 보살도(菩薩道)는 의무론적 측면이 강하다. 모든 중생을 제도(濟度)하겠다는 보살의 서원은 순수한 동기로부터 비롯되는 것이며, 그 서원은 반드시 실천해야만 하는 것이다. 다시 말해 보살은 자신 자신의 깨달음보다는 모든 중생의 깨달음을 추구하며, 그 과정에서의 온갖 고난을 기꺼이 감내한다.

어떤 이는 의무론을 형식적이라고 비판하듯이, 불교에서의 계율도 형식적이라고 비판하기도 한다. 그러나 불교도의 종교적 의무인 계율은 단순히 외면적인 행동을 규제하는 것이라기보다 바람직한 행동을 내면화시키는 것이다. 스스로 계율을 받아서 실천할 것을 결심했다고 하더라도 한두 번의 실천만으로는 내면화하기 어렵기 때문이다. 바람직한 행동으로 정착하기 위해서는 자신의 노력뿐만 아니라 다른 이의 질책과 격려도 필요하다.

어떤 이는 의무론을 인간의 경향성과 행복을 도외시할 뿐만 아니라 지나치게 엄격하다고 비판하기도 한다. 마찬가지로 불교에서도 불교도의 행복을 도외시한 채 보살의 의무를 지나치게 강조한다고 비판하기도 한다. 그러나 자신만의 행복이 아니라 모두의 행복, 즉 보편적 행복을 추구한다면 자기희생도 기꺼이 감수해야 한다. 아울러 도덕적 의무처럼 보살의 의무는 마땅히 행해야 할 것이며, 불자는 자신의 자리에서 그 이상을 향해 한 발자국씩 앞으로 나아가야만 한다.

【41】

덕윤리와 불교윤리, 얼마나 닮았을까?

좋은 이미지로 대중에게 호감을 샀던 이들이 한순간에 나락으로 떨어지는 경우가 있다. 아마도 그 또는 그녀가 대중의 머릿속에 각인된 이미지와 다른 행동을 보임으로써 크게 실망할 때일 것이다. 이런 경우에 많은 이들이 사람의 겉모습이 아니라 사람 됨됨이로 그 또는 그녀를 판단해야 한다고 말한다. 여기서 사람 됨됨이는 '사람으로서 지니는 품성이나 인격'을 뜻하며, 이것은 동서양에서 중시하는 덕과 일맥상통한다.

서양에서 덕에 대한 논의는 고대 윤리학에서 그 기원을 찾을 수 있으며, 소크라테스(Socrates)의 입장을 계승한 플라톤(Platon)은 지식과 동일시되던 덕(德, arete)을 개인의 덕과 사회적인 덕으로 구분했다. 그는 개인과 사회적인 덕은 모두 선(善)의 이데아를 실현하는 데 그 목적이 있으며, 선과 쾌락이 조화된 상태를 행복(幸福, eudaimonia)이라고 여겼다. 여기서 한 걸음 더 나아가 아리스토텔레스(Aristoteles)는 덕을 탁월성으로 정의하면서 자기의 탁월성을 충분히 발휘하는 것이 행복이라고 여겼다. 그는 덕을 지적인 덕과 도덕적인 덕으로 구분하고, 이는 중용(中庸)으로 유지된다고 하였다.

이런 논의를 현대적으로 해석한 알래스데어 매킨타이어(Alasdair Macintyre)는 윤리학이 공동체와 그것의 도덕적 건강 및 복지에 초점을 맞추어야 한다고 강조한다. 그는 공동체의 도덕적 건강을 유지하는 덕을 두 가지 의미로 나눈다. 하나는 탁월함 또는 목적에의 적합성이며, 다른 하나는 인격의 특정한 형질이다. 후자는 수양과 학습을 통해 습관적이고도 자연스럽게 되는 것으로 해석했는데, 이는 아리스토텔레스의 도덕적인 덕과 상당히 유사하다. 아울러 덕의 본질은 선을 성취할 수 있도록 하는 데 있다고 본다. 따라서 현대의 덕윤리에서는 근대윤리학을 인간 내면의 도덕성의 근원과 개인의 인성을 무시한 채 도덕적 의무와 도덕법칙만을 강조하는 것으로 비판한다.

근대윤리학의 양대 산맥이라고 할 수 있는 공리주의와 의무론에서는 '어떤 행동을 해야 하는가'에 초점을 맞추었다. 이에 비해 덕윤리의 초점은 '무엇을 해야 하는가'가 아니라 '어떤 사람이 되어야 하는가'에 있다. 다시 말해 덕윤리에서는 행동 주체인 개인의 인격에 중심을 두고 있으며, 덕을 함양하여 바람직한 행동이 내면화되도록 하는 데 그 목적을 둔다. 따라서 덕윤리에서는 올바른 습관을 발전시켜 부정적인 행위 유형이 점진적으로 긍정적이고 유익한 것으로 대치되도록 함으로써 인격의 전환을 추구한다.

이런 까닭에 영국의 불교학자인 데미온 키언은 불교윤리와 덕윤리 사이에는 '가족 유사성'이라고 말할 수 있을 만큼의 충분한 요소가 있다고 말한다. 그는 불교를 부정적인 상태인 악덕(惡德)을 제거하여 그 것들을 긍정적인 또는 건전한 상태인 덕성(德性)으로 대치하려는 자기 전환의 길로 파악한다. '거리의 인간'에서 '붓다'로의 전환은 열반이라는 완전한 자아실현의 목표로 한 걸음씩 인도하는 특정한 덕성의 닦음을 통해 이루어진다고 한다. 다시 말해 열반이라는 목표에 도달하기 위해 인간의 부정적인 상태인 번뇌를 긍정적인 덕성인 지혜와 자비로 대치시켜야 한다는 것이다. 이러한 그의 설명방식은 불교윤리의 성격을 한층 명확하게 드러낸 것으로 볼 수 있다. 그러나 불교윤리와 덕윤리를 동일시할 수 없는데, 불교윤리에는 공리주의적인 측면과 의무론적 측면도 있기 때문이다. 이로 인해 불교윤리의 성격을 한두 마디로 말하기는 쉽지 않지만, 한 가지는 분명하다. 불교윤리에서는 불교적 가치를 구현한 삶을 추구하며, 그 가치의 실현을 통해 인류의 물질적이고 정신적인 복지를 증진시킬 것으로 여긴다.

【42】

응용불교윤리, 어떤 선택을 해야 할까?

우리 사회는 첨단 기술의 발달로 인해 시시각각으로 변화하지만, 그 변화로 인해 예기치 않은 문제들이 발생하기도 한다. 이전에 한 번도 경험해보지 못했던 상황이 닥치게 된다면 누구나 우왕좌왕 어찌할 바를 모르게 된다. 이처럼 우리 삶의 여러 영역에서 발생하는 문제들에 대해 적절한 윤리 이론을 적용함으로써 그러한 문제들에 대처하려는 시도가 응용윤리학(Applied Ethics)이다. 이 학문은 20세기 후반에 접어들어 본격적으로 논의되기 시작한 학문 가운데 하나이다. 이전의 윤리학이 주로 이론적 차원에 대한 논의에 머물렀다면 응용윤리학은 수많은 사회적·도덕적 난제들을 해결하기 위한 실질적인 차원에서의 논의이다.

실천윤리학 또는 문제 중심의 윤리학이라고도 불리는 응용윤리학은 윤리학의 분류에서 본다면 규범윤리학에 속한다. 응용윤리학은 응용규범윤리학을 가리키며, 도덕의 궁극적인 기초나 본질을 탐구하는 순

수 규범윤리학을 바탕으로 한다. 이런 까닭에 응용 규범윤리학에서는 우리 삶에서 발생하는 도덕 문제들을 해결하기 위해 규범윤리 이론을 적용한다. 가장 영향력이 큰 규범윤리 이론은 공리주의와 의무론이다. 현실의 도덕 문제들은 대부분 좋은 결과와 도덕적 의무 간의 갈등이라고 해도 과언이 아니기 때문이다. 간혹 도덕적으로 문제가 있다고 여겨지는 행동이 큰 이익을 가져다줄 것으로 생각되기도 한다. 이런 경우에 도덕적 의무를 따를 것인지, 좋은 결과가 예상되는 행동을 할 것인지 좀처럼 판단하기 어렵기 때문이다.

실제로 좋은 결과를 중시하는 공리주의자와 도덕적 의무를 강조하는 의무론자 간에는 상반되는 해법을 제시하는 경우가 적지 않다. 그러나 예상한 대로 좋은 결과가 나오지 않을 경우는 얼마든지 있고, 위급한 상황에서 도덕적 의무만을 강조하는 것은 불합리하게 여겨지기도 한다. 이들 간의 갈등을 피해 갈 수 있는 대안으로 주목받는 것은 행위자의 인성을 중시하는 덕윤리이다. 복잡다단한 상황 속에서는 어떤 고정된 원칙이나 규칙을 고수하는 것보다 폭넓은 식견을 지닌 사람이 올바른 판단을 할 수 있다고 보기 때문이다. 이로 인해 덕윤리에서는 어떤 도덕 원리에 호소하기보다 바람직한 도덕 공동체를 구성하고 발전시켜 나가는 데 필요한 덕목과 인격적 모델을 설정하고서 이를 교육하는 데 주력한다.

응용윤리에서는 구체적인 도덕 문제를 해결하기 위해 세 가지 이론을 적용하여 그 해법을 모색한다. 공리주의에서는 좋은 결과를 강조하고, 의무론에서는 보편적 원칙과 인간에 대한 존중을 중시하고, 덕윤리에서는 유덕한 성품이나 동기를 지닌 도덕적 행위자의 관점에 선다. 세 가지 이론을 종합한다면 자기중심적인 사고에서 벗어나 다른 이에 대한 관심과 배려가 절실히 요구된다. 다시 말해 자신뿐만 아니라 다른 이의 이익에도 관심을 가져야 하며, 다른 이에게 해악(害惡)이 되는 행동을 해서는 안 되고, 다른 이를 이롭게 하는 선행을 베풀어야 한다.

이를 불교윤리와 연관시킨다면 가장 바람직한 모델은 대승불교에서 강조하는 보살일 것이다. 대승 보살은 자신의 깨달음보다는 중생의 제도(濟度)를 중시하며, 이를 자신의 종교적 의무로 여긴다. 이런 보살의 삶은 도덕적 수행과 덕성의 도야를 통해 가능한 것으로 여겨진다. 다시 말해 보살의 이타적인 행동은 타인의 고통에 대한 연민(悲)에서 비롯된 것이며, 이는 명상을 통해 닦아지는 마음의 상태이다. 따라서 대승 경전에 나오는 보살의 선교방편(善巧方便)도 좋은 결과를 얻기 위한 행동이라기보다 선한 의지로 최선의 결과를 얻기 위한 행동이라고 할 수 있다. 이때 보살은 자신의 서원을 실현하기 위해 계율의 근본정신에 따라 행동하는 것이다.

【43】

삶과 죽음에 대한 윤리

현대 사회에서 크게 발달한 응용윤리학에서는 윤리적 난제(難題)들의 본질과 그 해결책의 기준을 탐구하는 것을 목적으로 한다. 다시 말해 어떤 문제가 발생했을 때 그것의 옳고 그름을 판정하는 것을 넘어서 그러한 판단의 궁극적인 기준이 무엇인지, 또는 무엇이어야 하는지에 대해 탐구해야 한다. 이런 까닭에 응용윤리학에서는 규범윤리학의 주요한 이론을 현실에서 발생하는 윤리적 문제를 해결하는 데 적용한다. 아울러 응용윤리학은 각 분야에서 발생하는 윤리적 문제를 어떻게 해결하는가에 따라 다양한 분야로 나뉜다.

응용윤리의 여러 분야 가운데 우리 삶과 밀접한 관련을 맺고 있는 분야는 생명윤리와 의료윤리일 것이다. 초창기에는 생명윤리학(Bio Ethics) 혹은 의료윤리학(Medical Ethics)으로 불렸지만, 점차 생명-의료윤리학(Bio-Medical Ethics)으로 불리게 되었으며, 생의윤리학으로 약칭하기도 한다. 생명-의료윤리학에서는 생명과학과 의료기술의 발전으로 생명과 죽음의 문제에 대해 새롭게 제기된 윤리적 문제를 다룬다. 생명-의료윤리학에서 다루는 주요한 문제는 삶과 죽음의 문제, 첨단 과학기술과 유전공학, 진료행위와 환자의 인격, 의료자원의 분배제도이다.

특히 삶과 죽음의 문제는 생명의 존엄성과 죽음의 정의와 관련된 본질적인 물음을 내포한다. 동서양의 모든 종교와 철학에서는 생명의 존엄성뿐만 아니라 생명의 불가침성을 강조하고 있다. 여기에서 파생되는 물음은 '생명은 언제부터 시작되며, 어느 시점부터 보호받아야 하는가'이다. 생명의 시작에 대한 물음은 필연적으로 그 끝인 죽음과도 연결된다. 죽음이란 무엇이며, 우리는 어떤 죽음을 맞이해야 하는가, 우리에게 죽음을 선택할 권리가 있는가 등이다.

우리의 삶은 첨단 과학기술과 의료기술의 발전으로 인해 풍요로워졌지만, 우리의 가치관은 그 발전 속도를 따라가지 못하고 있다. 예전에는 상상조차 하지 못했던 출산 전 성별의 감별과 인공수정, 나아가 생명의 조작 및 복제까지 가능해졌다. 인류의 행복한 삶에 이바지할 것으로 여겨졌던 기술이 그 남용으로 인해 사회적 문제를 초래하기도 한다. 이런 기술에 대한 비난과 우려가 있지만, 여기서 문제가 되는 것은 기술 그 자체가 아니라 기술을 다루는 사람과 사회적 환경이다. 마찬가지로 의료윤리도 좁게는 의료인과 환자의 개별적인 관계에서 비롯되는 문제이지만, 넓게는 의료인의 사회적 환경이 문제가 된다. 의사의 치료를 거부하는 환자의 자율권과 환자를 치료해야 하는 의사의 선의의 간섭주의는 개인적인 영역이라고 할 수 있다. 반면에 의료자원의 균등한 배분과 의료보험제도의 확대는 소득의 배분과 직결되어 있어서 빈부의 문제로 이어진다. 이처럼 생명-의료윤리학은 한 개인의 윤리적 문제일 뿐만 아니라 사회 윤리적 문제이기도 하다.

따라서 생명-의료윤리학에서 다루는 문제에 대한 불교적 접근은 개인적인 차원에서뿐만 아니라 사회적인 차원에서도 이루어져야 한다. 이런 까닭에 생명-의료윤리에 대한 불교적 해법을 불살생계(不殺生戒)를 반드시 지켜야 한다고 강조하는 것에 그쳐서는 안 된다. 때로는 불살생계를 고수하는 것보다 보살도(菩薩道)를 실천하는 것이 바람직할 수도 있다. 이런 판단을 정확히 하기 위해서는 여러 불교 경론에서 불교윤리의 토대를 찾아내는 것이 선행되어야 한다. 그런 후에 이를 이론적 토대로 삼아서 구체적인 문제의 본질을 파악해서 적용해야 한다. 서양의 불교학자들은 업(業), 계율(戒律), 자비(慈悲), 보살(菩薩) 윤리, 선교방편(善巧方便) 등을 불교윤리의 토대로 삼아서 구체적인 문제에 적용하고 있다. 어떤 상황에서든 우리 불자들은 자발적인 선택에 의한 올바른 행위, 즉 자발적으로 선한 의도를 가지고 자신을 포함한 타인에게 해를 끼치지 않는 행위를 해야 한다.

【44】

안락사와 존엄사에 대한 불교적 견해

울긋불긋 단풍으로 곱게 물들었던 나무가 어느새 나뭇가지만 앙상하게 남은 채 우두커니 서 있다. 그 모습을 가만히 보고 있노라면 왠지 모를 쓸쓸함과 아쉬움이 느껴진다. 이런 변화는 해마다 반복되는데, 왜 그 변화를 자연스럽게 받아들이지 못하는 것일까? 아마도 아름다웠던 단풍이 어느 순간 사라져버린 것이 못내 아쉬웠기 때문일 것이다. 이와 마찬가지로 죽음에 대한 막연한 두려움도 삶의 희망이 한순간에 사라져버릴지 모른다는 당혹감에서 비롯된 것이리라. 이렇듯 우리에게 죽음은 안타깝고 슬픈 일, 또는 위로해야 하는 일로 여겨지지만, 때로는 죽음이 최선의 결정인 경우도 있을 것이다.

진통제 없이는 도저히 견딜 수 없는 고통스러운 삶, 또는 의료장치에 의해 겨우 목숨을 이어가는 삶을 기약도 없이 살아가야 한다면 어떤 선택을 할 것인가? 아마도 고통스러운 삶을 끝내기 위해 자연스럽게 죽음을 받아들이려고 할 것이다. 물론 고통스러운 상황이나 정도는 개인마다 다르겠지만, 치료할 수 없는 질병이나 상황으로 극심한 고통을 겪고 있다면 고통스러운 삶보다는 편안한 죽음을 선택하려고 할 것이다. 이 편안한 죽음, 또는 평화로운 죽음을 안락사(安樂死, euthanasia)라고 하며, 한 사람의 최선의 이익을 위해 행위(行爲) 또는 무위(無爲)로 그 사람을 의도적으로 죽음에 이르게 하는 것이다.

안락사에 대한 찬반 논쟁은 여전히 진행 중이며, 인위적인 죽음이라는 점에서 종교계에서는 공식적으로 반대하고 있다. 그러나 의료기술이 발전함에 따라 회복 가능성은 없지만 수많은 의료기기에 의존한 채 생명을 연명하는 상태가 길어지게 되면서 인간다운 죽음에 대한 요구가 늘어나고 있다. 의료기관에서는 생명의 존엄성을 빙자해서 연명 치료를 지속하려 하지만, 누구를 위한 치료인지 되묻지 않을 수 없는 지경에 이른 것이다. 이로 인해 환자 본인이 생명을 연명하는 처치를 원하지 않을 경우, 고통과 증상을 완화하는 치료만 해서 온화한 죽음을 맞이하도록 해야 한다는 주장이 설득력을 얻고 있다. 다시 말해 소극적 안락사로 여겨질 수 있는 존엄사(尊嚴死, death with dignity)를 인정해야 한다는 목소리가 높아지고 있다. 이런 요구에 대처하기 위해서는 안락사와 존엄사에 대한 이해의 폭을 넓히는 동시에 보다 유연하게 대처할 필요가 있다.

안락사는 당사자의 의사와 시술 방법에 따라 분류할 수 있다. 우선 당사자의 의사에 따라 자의적인 안락사, 비자의적인 안락사, 반자의적인 안락사로 구분할 수 있다. 다음으로 시술 방법에 따라 적극적인 안락사와 소극적인 안락사로 구분할 수 있다. 윤리적으로나 법적으로 논란이 되는 것은 '자의적이고 적극적인 안락사'이다. 다시 말해 당사자가 안락사를 요청하거나 동의할 경우, 그의 생명을 단축시킬 의도로 구체적인 행위를 능동적으로 취하는 것이다. 반면에 소극적 안락사로 여겨지는 존엄사에 대해서는 대체로 인정하는 분위기로 변해가고 있다.

우리나라에서도 김 할머니의 판결로 불리는 존엄사 판결이 2009년에 있었으며, 이것을 기반으로 한 존엄사법인 연명의료결정법이 2018년부터 시행에 들어갔다. 그러나 의무론적 관점을 가진 이들은 안락사라는 개념 그 자체에 문제가 있다고 여기며, 존엄사라는 용어를 사용하는 것을 문제 삼기도 한다. 이들은 존엄사라는 용어 대신에 '무의미한 연명치료 장치 제거'라는 표현을 사용한다. 불교계도 예외는 아니어서 '죽이는 것'과 '죽음을 야기하는 것'에 대해 원칙적으로 금지하고 있다. 그렇지만 '연명 치료 중단'이라는 현실적인 요구에 대해 생명 존중의 원칙론을 고수하는 데 한계가 있다. 따라서 불교계에서는 불자들이 납득할 수 있는 구체적인 대안을 제시할 필요가 있다. 어떤 기계에 의지하지 않고 살 수 있다면 왜 안락사가 필요할까.

【45】

뇌사와 장기이식, 죽음의 기준

현대 의학의 눈부신 발전으로 인해 생물학적인 죽음에 대한 정의를 새롭게 해야 할 상황에 이르게 되었다. 예전에는 호흡과 심장 박동이 멈춘 상태, 즉 심폐사(心肺死)를 죽음으로 받아들였다. 하지만 최근에는 뇌 전체가 기능을 정지해도 인위적인 방법으로 호흡하게 할 수 있고 심장 박동이 계속될 수 있게 되었다. 뇌사(腦死)는 대뇌·소뇌·뇌간의 모든 기능이 상실되어 결코 회복될 수 없는 뇌 기능의 완전한 정지 상태이다. 이런 상태는 호흡과 심장 박동에 관여하는 뇌간 일부가 살아 있는 식물인간 상태와 다르다. 식물인간은 스스로 호흡할 수 있으며, 극소수이기는 하지만 오랫동안 혼수상태에 있다가 의식을 회복하기도 한다. 반면에 뇌사 판정을 받게 되면 회복이 사실상 불가능하며, 대부분 뇌사 상태에 빠진 지 14일 이내에 심장이 멈추게 된다.

그런데 뇌사 판정은 장기이식(臟器移植)이라는 현실적인 필요와 맞

물려 있어서 법적으로나 윤리적으로 문제가 된다. 장기이식은 신체 조직이나 장기의 일부분 혹은 전부를 자신이나 다른 개체에게 이식하는 것이다. 자신의 신체 일부를 다른 부위로 이식하는 자가이식의 경우 별다른 문제가 없지만, 다른 사람의 장기를 이식하는 동종이식은 논란의 여지가 있다. 그 이유는 기증자의 상태에 따라 기증할 수 있는 장기가 달라지기 때문이다. 다시 말해 사후에 기능할 수 있는 장기보다 뇌사 상태에서 기증할 수 있는 장기가 훨씬 많기 때문이다. 은서법, 즉 2012년 제정된 다장기 이식을 허용하는 내용의 법안으로 인해 장기이식이 허용되는 장기는 예전보다 늘어났지만, 대부분의 장기는 뇌사자에게서 기증받아야만 한다. 이로 인해 뇌사는 장기이식을 위한 전제조건으로 여겨지고 있다.

그렇지만 '뇌사를 죽음의 기준으로 받아들일 수 있는가'에 대해서는 여전히 논란이 많다. 뇌사를 반대하는 이들은 죽음의 개념을 문제 삼는데, 뇌사는 죽어가는 한 단계일 뿐 완전한 죽음이 아니라고 주장한다. 또 뇌사 판정에 사용되는 여러 기준과 의학 기술이 완벽하지 않다는 점도 간과해서는 안 된다고 주장한다. 아울러 뇌사와 관련된 논의가 대부분 장기이식을 염두에 둔 것이라고 비판한다. 반면에 뇌사를 찬성하는 이들은 뇌 기능이 상실되었다면 자율성에 기초한 주체적인 판단과 행동을 할 수 없으므로 인격체가 아니라고 주장한다. 즉 뇌사는 실질적인 죽음으로 받아들여져야 하며, 중요한 장기의 이식을 통해 많은 이들에게 도움이 될 수 있다고 주장한다. 또 뇌사자의 생명을 유지하기 위해 그 가족들이 짊어져야 할 심리적·경제적 부담을 덜 수 있다고 주장한다. 나아가 병원 시설이나 의료자원이 뇌사자가 아닌 다른 환자에게 돌아가야 한다고 주장한다.

이런 논란에도 불구하고, 뇌사자의 장기기증으로 많은 이들에게 장기가 이식되는 것을 바람직하게 여기고 있다. 우리나라의 '장기 등 이식에 관한 법률'에서도 장기기증을 전제로 한 경우에 뇌사를 죽음으로 인정한다. 그러나 뇌사자의 장기이식을 많은 생명을 살리는 일로 장려한다면 이는 공리주의적인 발상이라는 비판을 받을 수밖에 없다. 따라서 뇌사를 장기이식의 필요성에 따라 판단하기보다 뇌사를 죽음의 기준으로 받아들일 수 있는지 진지하게 고민해보아야 한다.

불교계에서도 뇌사에 대한 찬반 입장은 엇갈리지만, 장기기증이나 장기이식에 대해서는 대승 보살의 보시(布施)나 방생(放生)의 실천으로 적극적으로 장려한다. 그렇지만 보살행을 강조하기 이전에 뇌사를 비롯한 죽음 전반에 대한 불교적 논의가 충분히 이루어져야 한다. 아울러 뇌사자의 장기이식을 보살의 사신(捨身)으로 간주할 수 있는지도 심도 있게 논의되어야 할 것이다. 이런 논의를 통해 불자들의 죽음에 대한 인식 수준이 높아진다면 자연스럽게 죽음을 대하는 태도도 달라질 수 있을 것이다.

【46】

임신중절은 도덕적으로 허용될 수 있는가?

생명-의료윤리학의 여러 쟁점 가운데 임신중절(姙娠中絶, abortion)만큼 논란이 많은 문제도 없을 것이다. 임신중절이 윤리적으로 문제가 되는 것은 그것을 도덕적으로 허용할 수 있는가이다. 먼저 의무론자는 임신중절이 도덕적으로 용납될 수 없다고 주장하는데, 태아의 생명에 초점을 두기 때문이다. 다음으로 페미니스트는 임신중절이 도덕적으로 항상 허용되어야 한다고 주장하는데, 산모의 선택에 초점을 두기 때문이다. 마지막으로 공리주의자는 임신중절이 상황에 따라 허용될 수도 있고 그렇지 않을 수도 있다고 주장하는데, 당사자(산모, 태아)와 관련된 주변 사람의 이익에 초점을 두기 때문이다. 이처럼 임신중절을 둘러싼 윤리적 논란은 어디에 초점을 두느냐에 따라 그것의 도덕적 허용 여부에 대한 태도도 달라진다.

임신중절을 반대하는 이들은 태아의 생명을 중시하는데, 이를 생명-

옹호론(pro-life)이라고 한다. 주요한 근거는 ①수정이 이루어지는 순간부터 도덕적 지위를 가지는 인간으로 보아야 한다는 연속성 논거, ②태아를 인간으로 보고서 인간의 존엄성을 보호해야 한다는 존엄성 논거, ③태아를 죽이는 것은 살인에 해당한다는 살인 금지의 논거, ④태아는 수정 후부터 의식 능력을 지닌 인격으로 발달할 잠재성을 지닌 인간이라는 잠재성 논거 등이 있다. 이에 반해 임신중절을 찬성하는 이들은 여성의 자율적 선택권을 중시하는데, 이를 선택-옹호론(pro-choice)이라고 한다. 주요한 근거는 여성이 자기 몸에 대해 소유권을 갖듯이 몸의 일부인 태아에 대해 처분권을 갖는다는 소유권 논거, 여성의 자율적 삶에 대한 권리는 태아에 대해서도 자유롭게 결정할 권리를 포함한다는 자율성 논거 등이다. 찬반논란에서 쟁점은 태아의 생명권과 여성의 자율적 선택권 가운데 어떤 권리가 우선되어야 하는지에 대한 입장의 차이라고 할 수 있다.

종교계에서는 대체로 임신중절을 적극적으로 반대하고 있으며, 불교계에서도 불살생계(不殺生戒)에 저촉되는 행위로 여겨 반대하고 있다. 초기불교 경전에서는 전통적인 인도의 의학 사상을 수용해서 인간존재의 생성을 점진적인 과정으로 설명한다. 우선 임신이 되기 위해서는 세 가지 조건, 즉 부모의 결합, 어머니의 적절한 상태, 간다르바(gandharva) 등이 있어야 한다. 세 가지 조건이 충족된 것을 수태(受胎)라고 하며, 이때 개체의 성별이 결정되는 것으로 여겼다. 수태되는 순간부터 새로운 개체를 구성하는 정신적·물질적 구성요소[名色]들이 함께 발달하고 그것들이 다시 죽는 순간 분리될 때까지 마치 우유와 물의 혼합물처럼 된다고 한다. 일단 간다르바가 자궁으로 내려와 수태되고 나면 배아는 몇 단계를 거치면서 발달하는 것으로 설한다. 이를 태내오위설(胎內五位說)이라고 하며, 수태된 후 처음 5주 동안 자라는 모습을 7일 단위로 설한 것이다. 즉 첫 단계는 투명한 기름방울에 비유되지만, 점차 밀도가 증가하면서 단단해져 마지막 단계에서부터 머리와 사지(四肢)가 생겨난다고 여겼다. 이처럼 수태되는 순간부터 인간으로 여겨지므로 임신중절은 도덕적으로 정당화될 수 없다는 것이다. 이런 입장은 태아의 생명권을 중시하는 의무론자의 견해와 일맥상통하는 측면이 있다.

그러나 여러 상황으로 인해 산모가 불가피하게 임신중절을 선택해야만 할 경우도 있다. 이럴 적에 불교계에서는 산모의 정신적 고통을 줄이는 방법으로 참회(懺悔)를 제안한다. 특히 대승불교에서는 죄의식이 완전히 없어진 상태인 무죄상(無罪相) 참회를 강조한다. 즉 진정한 참회는 실상(實相)의 진리를 통찰하는 이참(理懺)과 구체적인 행위(찬탄, 예배, 송경 등)로써 실제로 참회하는 사참(事懺)이 조화를 이루어야 한다. 이런 참회와 함께 불가피하게 타태(墮胎)된 영가들을 위한 천도의식이 병행되기도 한다.

【47】

생명복제는 어디까지 허용될 수 있을까?

예전에는 소설이나 영화 속에서만 나왔던 인간복제가 점점 현실화되어가고 있다. 이에 따라 생명에 대한 본질적인 물음에 대해 다시금 생각해보지 않을 수 없게 되었다. 유신론적 전통에서는 생명을 신의 선물로 여기며, 생명 창조는 창조주의 신적 권위를 침해하는 것으로 간주한다. 이에 대해 불교에서는 생명을 여러 요소 간의 일시적인 결합체로 여기며, 생명을 다루는 일을 부적절한 것으로 여기지 않는다. 이렇듯 생명의 본질에 대해서는 이견이 있을지라도 한목소리로 생명을 함부로 다루어서는 안 된다고 외칠 것이다.

이런 우려는 1990년대 이후 생명과 관련된 실험들이 잇따라 성공하면서 더욱 커지게 되었다. 세상을 떠들썩하게 한 '복제양 돌리'의 성공은 동물복제 기술이 일정한 수준에 이르렀다는 것을 알린 실험이었다. 동물복제 기술이 더욱 발전하게 되면 인간복제도 가능해질 것이고, 그로 인한 혼란은 불을 보듯 뻔할 것이기 때문이다. 그러나 동물복제 기술이 인간의 유전적 질병이나 난치병을 치료할 수 있을 것이라는 기대도 만만치 않다. 그렇다면 생명복제 관련 연구는 어느 선까지 허용될 수 있을까? 그 대답은 '배아(embryo)'의 지위와 관련되는데, 인간 배아를 다루는 연구에서는 배아를 수정 후 2주까지의 배아인 전배아(pre-embryo)에 한정하고 있다. 그 이유는 수정 후 대략 3주에서 8주까지의 시기인 배아기에 인체의 주요 기관들이 형성되기 시작하기 때문이다. 이로 인해 인간 배아 연구에서는 수정 후 3주에서 8주 사이의 배아를 '착상 후 배아'로 구분하며, 전배아를 통상 '배아'라고 부른다.

인간 배아복제는 유전적으로 동일한 배아를 만들어내는 것을 의미하며, 이는 체세포 핵이식 기술을 통해 이루어진다. 다시 말해 체세포 복제배아는 난자, 즉 난세포의 핵을 도려내고 그 자리에 체세포의 핵을 이식하여 얻은 배아이다. 이 체세포 복제배아를 착상시켜 열 달간의 임신 기간을 거쳐 출산시키면 인간 개체복제가 가능해진다. 학문적으로 논란의 대상이 되는 인간복제는 체세포 복제배아를 통한 인간 개체복제이다. 인간 개체복제의 가능성으로 인해 인간배아 연구에 대한 입장이 찬반으로 엇갈리고 있다. 이 논란에서 쟁점이 되는 것은 '배아의 도덕적 지위'이다.

인간배아 연구를 찬성하더라도 배아의 도덕적 지위에 대한 견해는 연구자의 입장에 따라 다르며, 크게 네 가지로 나눌 수 있다. 첫 번째 입장은 배아는 사람이 아니므로 도덕적으로 존중해야 할 대상이 아니라는 것이다. 두 번째 입장은 배아는 인간 개체를 '산출할 잠재성'만을 갖고 있으며, 인간이 '될 잠재성'까지 갖고 있지 않다는 것이다. 세 번째 입장은 배아는 인간이 될 잠재성을 갖고 있고 도덕적 배려의 대상이므로 존중되어야 하지만, 그 가치가 절대적이지는 않다는 것이다. 네 번째 입장은 배아는 존중되어야 하지만, 그것이 배아의 사용을 금지하는 것은 아니라는 것이다.

찬성론자들의 주장을 종합해보면, 첫 번째와 두 번째 입장에서는 배아의 도덕적 지위를 부정하지만 세 번째와 네 번째 입장에서는 배아의 도덕적 지위를 부정하지 않고 있다. 다시 말해 세 번째와 네 번째 입장에서는 배아를 도덕적으로 존중하기는 하지만, 그것을 연구에 사용하는 것이 윤리적인 문제를 일으키는 것은 아니라고 강조한다. 그러나 이들의 주장 중 어느 것도 인간을 위해 배아를 사용하는 것이 정당하다는 것을 입증하지는 못했다. 다만 이들의 논의로 인해 수정 후 2주까지의 배아, 즉 착상 전 배아를 치료의 목적으로 연구하는 것은 설득력을 얻게 되었다.

인간배아 연구를 반대하는 이들은 인간 생명은 수정부터 시작된다고 여기며, 배아와 인간 사이에는 유전적 동일성이 있다고 주장한다. 즉 배아는 생물학적으로 완전한 인간 종(種)의 유전자를 지니고 있으며, 성숙한 인간 존재가 되기 위해 생명 활동을 벌이는 단일 생명체라는 것이다. 또 인간배아 연구와 관련하여 문제 삼는 도덕적 권리는 자율권이 아니라 생명권이라고 지적한다. 이런 점에서 생명체로서 지녀야 하는 기본적인 생명권이 배아에게 부여될 수 있다고 여긴다. 따라서 인간배아의 생명 활동을 중단시키고 그것으로부터 줄기세포를 얻는 연구는 배아가 지닌 최소한의 생명권을 침해하는 행위이다.

반대론자들은 유전적 동일성 논증에 입각해서 '인간 생명'을 '인간이라는 생물학적 정체성'으로 이해하는 경향이 있다. 이런 입장은 유전적 결정론을 받아들이는 것으로 여겨질 수 있다. 한 개체의 성격이나 능력은 유전적 특정의 발현과 관련이 깊으며, 유전적 특성의 발현은 환경과의 상호작용과도 관련이 있으므로 결정론으로 보기 어렵다. 따라서 반대론자들도 인간배아 연구를 금지해야 한다는 점을 충분히 입증했다고 보기 어렵다.

그렇다면 생명복제와 인간배아 연구에 대해 불교계는 어떻게 대응하고 있을까? 사실 이런 논의는 상당히 전문적일 뿐만 아니라 복잡다단하기 때문에 접근하기가 쉽지 않다. 이로 인해 인간배아 연구에 대한 논란에 대해 불자들은 대체로 찬반을 밝히지 않을 뿐만 아니라 때로는 이중적인 면모를 보이기도 한다. 그 이유는 인간 생명의 시작에 대한 관점에 따라 찬반이 엇갈릴 수 있기 때문이다.

불교에서는 인간을 오온(五蘊)의 연기적 생명 현상으로 간주하는데, 새로운 오온이 수정과 동시에 생성된다고 본다면 수정란을 생명체로 여기는 것이다. 반면에 수정과 입태(入胎)를 구분해서 태(胎)가 형성되었을 때 비로소 의미 있는 인간 생명체로서 감수성, 의지성, 행위성을 갖춘다고 본다면 착상 후 배아를 생명체로 여기는 것이다. 전자의 입장이라면 배아는 생명체이므로 아무리 작은 생명체라도 죽이는 것은 불살생계(不殺生戒)에 저촉되므로 배아 연구가 사실상 불가능하다. 후자의 입장이라면 착상 전 배아는 생명체는 아니므로 배아 연구가 가능할 것이다.

여기에서 간과해서는 안 되는 것은 인간배아 연구를 하려는 의도이다. 다시 말해 인간 생명은 수단이 아니라 목적이기 때문에 반드시 자비(慈悲)에 입각한 행위여야만 한다. 이런 까닭에 불교계에서는 생명복제 및 인간배아 연구에 대해 연기(緣起)·중도적(中道的) 지혜와 자비행(慈悲行)에 근거해서 판단해야 한다는 점을 강조하고 있다.

【48】

어떤 때는 허락되고 어떤 때는 금지된다, 상황 윤리와 지범개차

우리는 나날이 발전하는 생명 공학과 의료 기술로 인해 이전에 상상조차 하지 못했던 곤란한 상황에 직면하기도 한다. 특히 삶과 죽음에 관한 문제일 경우에 선뜻 결정을 내리지 못한 채 번민을 거듭하기도 한다. 생명-의료윤리에 관한 문제들이 생겨나기 시작했던 시기에 철학자들은 전통 윤리 이론인 공리주의, 의무론, 덕윤리 등을 구체적인 문제에 적용하여 해결하려고 했다. 그러나 서로 다른 윤리 이론을 적용할 경우, 그 해결책도 달라지므로 사실상 의견의 일치에 이르기 어렵다. 설상가상으로 가족이라고 하더라도 서로 다른 종교를 가지고 있다면 각자의 종교적 신념으로 인해 난관에 봉착하게 된다.

유신론적인 전통에서 생명에 관한 문제는 창조주인 신의 영역으로 여겨져서 다소 경직된 자세를 보이기도 한다. 그러나 죽음의 정의, 안락사, 임신중절, 인간배아 연구 등의 윤리적 딜레마는 인간이 추구해야 하는 가치와 관련된 것이어서 해명이 불가피하다. 이에 따라 실천신학, 또는 도덕신학에서는 생명윤리 문제에 대한 해결책을 적극적으로 모색하게 된다. 기독교 도덕신학자들은 가톨릭 도덕신학자들에 비해 유연한 입장이었으며, 대표적인 인물로 요셉 플레처(Joseph Fletcher)를 꼽을 수 있다. 그는 새로운 도덕으로 '상황 윤리(Situation Ethics)'를 제안했는데, 여러 비판에도 불구하고 당시 의료 현장에서 상당한 호응을 얻었다.

생명윤리에서의 도덕적 문제는 보편적이고 추상적인 문제가 아니라 생명의료에 관련된 특수한 문제로 그 상황에 적합한 구체적인 의사결정을 내려야만 한다. 이에 따라 상황 윤리에서는 선과 악에 대한 도덕적 판단보다 상황에의 적합성을 윤리 문제의 핵심으로 간주한다. 이 과정에서 모든 윤리적 원리나 규범을 인정하지만, 그것을 절대적인 것으로 받아들이지 않는다. 절대적인 삶의 원리로 제시하는 것은 아가페(Agape)이다. 다시 말해 인류에 대한 보편적 사랑을 중시하며, 인간의 고통을 감소시키고 선을 향상시키는 것을 옹호하였다.

상황 윤리에 비견되는 것으로 대승계(大乘戒)의 특징으로 여겨지는 '지범개차(持犯開遮)'를 꼽을 수 있다. 원래 지범(持犯)은 광율(廣律)의 경분별(經分別) 가운데 계조(戒條)에 부수(付隨)되는 것인데, 여기에는 다양한 조건 아래서의 범계(犯戒)의 성립과 불성립, 죄의 가벼움과 무거움 등이 열거되어 있다. 그러나 보살계에서는 계조(戒條)나 수계법(受戒法)을 설하기는 하지만, 지범(持犯)이 상세히 설해지지는 않는다. 오히려 보살계에서는 개(開: 허락)와 차(遮: 금지)로 접근하는데, 같은 계(戒)일지라도 어떤 때에는 허락되기도 하고, 어떤 때에는 금지되기도 한다. 다시 말해 보살에게는 상황에 따라 금지된 행위일지라도 일정한 조건이 갖추어지면 허락된다는 것이다. 여기서 일정한 조건은 모든 중생에 대한 '자비심(慈悲心)에 입각한 원행(願行)'이다. 따라서 보살계의 개차(開遮)는 보살계의 지범(持犯)과 다르지 않기 때문에 개차지범(開遮持犯)으로 쓰이기도 한다.

『유가론』의 보살지에는 보살의 살생이 허락되는 경우가 설해지고 있다. 보살은 재물 때문에 수백의 생명과 위대한 존재들, 성문과 연각과 보살들을 죽이려 시도하고 많은 무간업(無間業)의 행위를 하는 도둑을 보게 된다. 그는 자신이 이 사람을 죽인 후에 지옥에 태어나는 것이 낫다고 생각하는데, 이 사람이 나중에 무간업으로 인해 지옥에 가지 않기 바라기 때문이다. 이런 마음으로 보살이 이 사람을 죽인다면 보살에게는 범계(犯戒)가 없고 많은 복덕이 생겨난다고 한다. 여기서 보살은 많은 생명이 살해당할지도 모르는 상황에서, 도둑에 대한 연민으로, 지옥의 과보를 마다하지 않고서 살생했다는 점을 유념해야 한다.

【49】

계율을 악기 대하듯

누구나 한 번쯤 아름다운 음악 소리에 매료되어 악기를 배운 적이 있었을 것이다. 처음에는 막연히 악기를 연주해보고 싶다는 생각으로 배우기 시작하지만, 얼마 지나지 않아 흐지부지되는 경우가 대부분일 것이다. 악기를 잘 다루기 위해서는 악보를 볼 줄 알아야 하고, 악기를 연습하는 데 상당한 시간과 노력을 들여야 하기 때문이다. 특히 바이올린과 같은 현악기를 배울 경우, 처음에는 제대로 소리를 내기조차 힘들 것이다. 수많은 시행착오 끝에 소리를 낸다고 하더라도 음정이나 박자가 틀리는 경우가 한두 번이 아닐 것이다. 그럴 때마다 멋지게 바이올린을 연주하는 모습을 상상하면서 끊임없이 연습해야만 바이올린을 능숙하게 다룰 수 있게 된다.

계(戒)를 받아서 지키는 것도 악기를 처음 배우는 것과 다르지 않을 것이다. 계를 반드시 지키겠다는 굳은 맹세를 했더라도 그런 행동들이 익숙해지는 데 상당히 오랜 시간이 소요될 것이다. 늘 자기 자신의 행동에 주의를 기울이면서 다른 사람에게 피해를 주지 않으려고 노력하기란 말처럼 쉽지 않다. 간혹 아무렇게나 막 행동하는 사람들을 보게 된다면 '왜 나만 계를 지키느라 애쓰는 것일까'라는 생각이 들기도 할 것이다. 이럴 때마다 제대로 잘하고 있는지를 악보와 같은 역할을 하는 불교 경전을 보면서 점검해보아야 한다. 불교 경전에는 계를 어겼을 때 받는 과보와 계를 지켰을 때 얻는 공덕이 구체적으로 나열되어 있다. 물론 계를 지키는 목적이 공덕을 쌓는 데 있는 것은 아니지만, 인과응보를 믿는 불교도라면 나태해진 마음을 다잡을 수 있을 것이다. 계를 지키기 위해 늘 조심스럽게 행동하며, 간혹 잘못된 행동을 하더라도 반성해서 되풀이하지 않는다면 분명히 주변 사람들에게 모범이 될 것이다.

초기불교에서는 불교도의 모범이 되는 출가자에게는 재가자보다 철저히 계를 지킬 것이 요구되었는데, 대표적인 것이 불음계(不婬戒)의 준수였다. 이런 까닭에 초기불교에서 지계청정(持戒淸淨)은 범행(梵行)을 닦는 것이었다. 이 계를 지키는 수행자라면 이성을 눈으로 보거나 가까이하지 않을 것이고, 이성과 대화하거나 접촉하지 않을 것이다. 그런데 수행자가 그 계에 얽매여서 자신을 속박하면 할수록 꿈속에서 이성의 모습을 보기도 할 것이고, 때로는 꿈속에서 이성을 탐닉하기도 할 것이다. 이럴 때마다 수행자는 자신의 번뇌를 억제하려고 무던히 애쓰겠지만, 마음속에서 이리저리 날뛰는 망념을 끊어 없애기란 쉽지 않을 것이다.

대승불교의 경론에서는 무의식 속에 있는 망념을 끊어 없애야만 번뇌에 얽매이지 않는다고 설한다. 즉 진정한 불음계는 눈앞에 이성이 있어도 애욕에 사로잡히지 않고, 성욕에 구속되거나 속박되지 않는 것이다. 그런데 이것은 업식(業識)의 훈습(熏習), 즉 감정적인 영역에 속하는 훈습이기 때문에 상당한 수행을 쌓은 수행자가 아니라면 끊어 없앨 수 없다. 다시 말해 오랫동안 수행을 계속해서 십지(十地)의 경지에 들어간 보살이라야 끊어 없앨 수 있다. 이 경지에 들어간 보살은 어떤 것에도 얽매이지 않아서 형식적인 계는 아무런 의미가 없겠지만, 진정한 의미에서의 지계청정이라고 할 수 있을 것이다.

우리의 뇌리에 박힌 선승들의 무애행(無碍行)도 지계(持戒)와는 아무런 상관이 없는 것처럼 보이지만, 실은 어디에도 구속되거나 속박되지 않은 '걸림 없는 행'으로 받아들여야 한다. 마음의 가식이 없어야만 걸림 없이 행동할 수 있기 때문이다. 마치 능숙한 연주자가 악보 없이도 자유자재로 연주할 수 있는 것처럼 말이다. 우리는 그 연주를 들으면서 막연히 그 경지를 동경하기보다 우리 안에 있는 청정한 성품을 일깨워야 한다. 그래야만 우리도 언젠가는 멋지게 연주할 수 있지 않겠는가.

【50】

계율은 표지판이다

흰 눈으로 뒤덮인 겨울 산을 오르노라면 눈앞에 펼쳐진 설경에 연신 감탄이 터져 나오곤 한다. 그러면서도 한 발자국씩 옮기는 발걸음은 무척 조심스러운데, 행여 눈길에 미끄러질까 염려해서이다. 이따금 입산통제구역을 알리는 표지판이 나오기도 하는데, 어떤 이는 무시하면서 계속 오를 것이고, 어떤 이는 되돌아갈 것이다. 위험을 알리는 표지판을 보고도 그냥 지나치는 것은 그것을 대수롭지 않게 생각해서일 것이다. 만약 사고라도 난다면 자신뿐만 아니라 다른 사람도 위험해질 수 있다는 것을 망각한 행동이다.

불교도에게 계율은 잘못된 행동을 해서는 안 된다는 것을 알리는 표지판과 같을 역할을 하기도 한다. 실제로 부처님 당시에 율(律)은 특정한 사건이 발생할 때마다 제정되었는데, 이를 수범수제(隨犯隨制)라고 한다. 즉 악행을 저지르는 이가 생길 때마다 그 악행을 금지하는 율 조문(條文)이 생긴 것이다. 당연히 승가 공동체의 규모가 커질수록 잘못된 행동을 하는 이들도 늘어났을 것이고, 그에 대한 처벌도 다양해졌을 것이다. 한두 사람의 잘못된 행동을 묵인하게 되면 공동체 전체의 질서가 유지될 수 없기 때문이다. 이로 인해 율장은 일종의 판례집과 같은 성격을 띠기도 하지만, 본래의 목적은 바람직한 승가 공동체를 유지하는 데 있다.

재가자는 출가자와 달리 율의 적용 대상이 아니었기 때문에 계를 어겼다고 하더라도 별다른 처벌을 받지 않았다. 대신 재가자에게는 계를 어겼을 때 받는 다양한 과보(果報)들을 설했다. 다시 말해 재가자에게 계를 지키는 것은 개인적으로 선한 행위, 또는 도덕적 행위를 습관화하는 것으로 한정된다. 대승불교에서 설해지는 대승계, 즉 보살계에서도 보살이 자발적으로 계를 지키는 것을 강조하는 데 치중한다. 이로 인해 대승 경전에서는 보살계를 어겼을 경우, 그에 대한 처벌을 구체적으로 설하지 않는다. 오히려 보살은 어떤 상황에서든 보살계를 적극적으로 실천해야 한다고 역설한다. 그렇다면 계를 지키는 것은 개인적인 차원에서만 장려되는 것인가?

산속의 표지판은 많은 이들의 안전을 위해 세워진 것이어서 한 사람이라도 그냥 지나쳐서는 안 된다. 다시 말해 모든 사람이 표지판을 주의 깊게 살펴보아야 하는데, 한두 사람의 부주의한 행동이 많은 이들에게 피해를 줄 수 있기 때문이다. 마찬가지로 불자에게 계율은 모두가 주의를 기울여야 하는 표지판이라고 할 수 있다. 만약 누군가가 표지판을 못 본 체한다면 그래서는 안 된다고 말할 수 있어야 하며, 그런 말을 듣게 된다면 이를 겸허히 받아들일 수 있어야 한다. 나아가 많은 이들의 안전을 위해 적극적으로 표지판을 알려야 한다.

모든 불자가 계율을 잘 지키게 하기 위해서는 내인(內因)과 외연(外緣)이 갖추어져야 한다. 가령 나무가 불에 잘 타는 성질을 가졌다고 하더라도 누군가 불을 붙여주지 않으면 타지 않는 것처럼 말이다. 대승경론에서는 모든 중생에게 진여(眞如)라는 내훈(內熏)의 에너지가 있다고 하더라도, 밖으로 불보살과 선지식의 가르침을 듣는 외연이 없으면 발심하여 수행하려는 마음이 생겨나지 않을 것이라고 설한다. 마찬가지로 계율을 지키려는 마음, 즉 본래 청정한 성품에 따르려는 마음은 그것을 일깨워주는 가르침이 없으면 결코 실천될 수 없다. 그런데 누군가가 우리에게 외연을 베풀려고 했음에도 불구하고 그것을 흘려들었던 것은 아닌지 곰곰이 생각해보아야 할 것이다. 반대로 한 해 동안 여러 선지식으로부터 외연의 혜택을 충분히 받았음을 알아차렸다면 많은 이들을 위해 그것을 아낌없이 베풀겠다고 다짐해야 할 것이다.

제2부 — 범망보살계 이야기

【01】

『범망경』과 보살계본은 어떤 관계일까?

동아시아에 대승보살계를 설한 경전으로 널리 알려진 『범망경』은 '범망경노사나불설보살심지계품(梵網經盧舍那佛說菩薩心地戒品) 제10(第十)'을 줄인 명칭이다. 승조(僧肇)의 서문에 의하면, 이 경전은 본래 61품 120권이나 되는 대본경(大本經)이었는데, 그 가운데서 제10품(第十品)만을 구마라집이 번역한 것이라고 한다. 그러나 대본경의 권수(卷數)에 대해서는 여러 가지 설이 있으며, 어떤 설이 정확한 것인지는 알 수 없다. 원효(元曉)는 『범망경』 대부(大部)가 61품 112권으로 이루어졌고, 이 품은 제10(第十) 보살심지품(菩薩心地品)이라고 하며, 이 경전의 바른 명칭은 '범망경보살심지품(梵網經菩薩心地品)'이라고 주석한다.

이 경전의 제목 가운데 범망(梵網)은 대범천왕(大梵天王)의 망라당(網羅幢)을 비유한 것이다. 즉 그물 구멍처럼 중생의 근기도 한량없고, 많은 그물코처럼 중생의 근기에 따라 가르침이 설해졌기에 부처님의 교문(教門)도 한량없다. 여기에는 모든 중생이 이 그물에 의해 생사의 바다에서 끌어 올려져 열반의 언덕에 도달하게 된다는 뜻도 내포되어 있다. 원효는 다른 대승 경전, 이를테면 『열반경』에서는 법, 『승만경(勝鬘經)』에서는 사람, 『묘법연화경(妙法蓮華經)』에서는 법과 비유로 제목을 삼은 것과 달리, 이 경전은 오직 비유만을 제목으로 삼은 것이라고 주석한다. 아울러 두 권으로 구성된 경전의 내용에 대해서 상권은 보살의 심지(心地) 법문을 밝혔고 하권은 보살의 계상(戒相)을 밝혔다고 주석한다.

상권에서는 석가모니불(釋迦牟尼佛)이 제사선천(第四禪天)에 있는 마혜수라천왕(摩醯首羅天王)의 궁전에 머물다가, 되돌아서 연화대장세계(蓮華臺藏世界)에 있는 백만 억 개의 자금강광명궁(紫金剛光明宮)에 도달한다. 그곳에는 노사나불(盧舍那佛)이 백만 송이 연꽃으로 이루어지고 환하게 광명으로 빛나는 좌대에 앉아 계셨다. 석가모니불은 노사나불을 친견하고서, 이 세계에서 대지와 허공에 머무는 일체의 중생은 어떤 인연에 의해 보살의 십지도(十地道)를 이룰 수 있으며, 불과(佛果)를 이룰 때 어떤 모습을 얻는 것인지를 묻는다. 이에 노사나불은 천 명의 석가(釋迦)와 그 화신(化身)인 천백억 명의 석가가 질문한 '심지법품(心地法品)'을 자세히 설한다. 즉 보살이 십발취심(十發趣心), 십장양심(十長養心), 십금강심(十金剛心), 십지(十地) 등을 차례대로 수행한다면 불과(佛果)를 이룰 것이라고 대답한다. 하권에서는 석가모니불이 노사나불의 분부를 받들어 사바세계(娑婆世界)의 남섬부주(南贍部洲) 보리수(菩提樹) 아래로 돌아와서 거듭 '심지법문품(心地法門品)'을 설한다. 그런 후에 노사나불의 심지 수행을 시작하면서부터 항상 외웠던 광명금강보계(光明金剛寶戒)를 설하고, 이어서 십중계(十重戒)와 사십팔경계(四十八輕戒)를 설한다.

이처럼 상권과 하권의 내용은 긴밀히 연결된 것으로 보이지 않으며, 오히려 각기 다른 내용의 경전을 하나로 묶어놓은 듯한 인상을 받기도 한다. 아마도 보살의 심지 수행과 보살계가 어떤 관계에 있는지에 대한 구체적인 해명이 빠져 있기 때문일 것이다. 이들 간에 아무런 관련이 없다면 상권에서는 사십위(四十位)의 보살행의 계위(階位)를, 하권에서는 보살계의 조목(條目)을 나열한 것에 지나지 않을 것이다. 아직 상권과 하권의 관계는 구체적으로 밝혀져 있지 않지만, 그 연결고리를 광명금강보계에서 찾기도 한다. 이 계는 석가모니가 노사나불의 심지 법문 가운데서 처음 발심할 때 항상 외우던 것이라고 한다. 이 계가 처음 발심했을 때부터 불과(佛果)를 이룰 때까지 암송된 것이라면, 보살의 심지 수행과 보살계는 떼려야 뗄 수 없는 관계가 된다. 광명금강보계로부터 보살의 바라제목차(波羅提木叉)가 생겼으며, 그 세부 조목이 십중계와 사십팔경계이기 때문이다. 따라서 심지 수행을 하는 보살은 처음 발심할 때부터 최종 목표를 이룰 때까지 매 순간 보살계를 외우면서 지켜야 한다.

이 경전의 상권과 하권은 관련되어 있을 것으로 여겨지지만, 상권을 제외한 하권만 유통되는 경우가 훨씬 더 많았다. 후대의 주석도 대체로 하권에 집중되어 있으며, 돈황에서 발견된 사본(寫本)들도 대부분 하권만 필사한 것이었다. 이로 인해 '범망경'이라는 명칭보다 '범망경보살계본(梵網經菩薩戒本)'이라는 명칭이 훨씬 더 익숙해지게 되었다. 이런 상황은 오늘날까지 이어져서 '범망경'은 보살계, 즉 십중계와 사십팔경계를 설한 경전으로만 인식되고 있다. 그러나 보살계를 왜 지켜야 하는지에 대해 심사숙고해본다면 상권의 내용이 가볍지 않음을 알게 될 것이다. 따라서 하권에만 치우친 관심을 상권에도 두어서 보살계의 정신을 되새겨야 할 것이다.

【02】

『범망경보살계본』의 본격적인 연구

동아시아에서는 출가자이든 재가자이든 보살계를 받을 적에 범망계(梵網戒), 즉 『범망경』의 하권에 나오는 십중사십팔경계(十重四十八輕戒)를 받는다. 이 경우 보살계만 떼어낸 것을 『범망경보살계경(梵網經菩薩戒經)』, 『보살계본(菩薩戒本)』, 『다라계본(多羅戒本)』, 『보살바라제목차경(菩薩波羅提木叉經)』, 『범망경노사나불설보살십중사십팔경계(梵網經盧舍那佛說菩薩十重四十八輕戒)』 등으로 부른다. 근래에는 다른 보살계본과 구별하기 위해 범망경보살계본(梵網經菩薩戒本)이라고 부르기도 한다.

5세기쯤 중국에서 성립된 것으로 여겨지는 『범망경』은 대승보살계를 설한 경전으로 중요시되면서 6세기 이후에 동아시아에서 연구되었다. 일본의 불교학자인 요시즈 요시히데(吉津宜英)는 수많은 주석서 가운데 주요한 것으로 세 권의 주석서를 꼽는다. 즉 지의(智顗)의 『보살계의소(菩薩戒義疏)』, 법장(法藏)의 『범망경보살계본소(梵網經菩薩戒本疏)』, 태현(太賢)의 『범망경고적기(梵網經古迹記)』이다.

현존하는 주석서 가운데 가장 오래된 것은 6세기에 중국에서 찬술된 천태대사(天台大師) 지의의 『보살계의소』인데, 『범망경』 전체가 아니라 하권만 주석한 것이다. 지의는 『범망경』의 하권 가운데 '아금노사나(我今盧舍那)'부터 삼중현의(三重玄義), 즉 세 가지 방식으로 풀이한다. 첫 번째 석명(釋名)에서는 보살과 계(戒), 즉 인법(人法)의 이름〔名義〕을 풀이한다. 두 번째 출체(出體)에서는 보살계의 계체(戒體)를 논하여 밝힌다. 세 번째 요간(料簡)에서는 계법(戒法)을 수득(受得)하는 인연을 설한다. 여기에는 당시에 여러 계본(戒本), 즉 범망본(梵網本), 지지본(地持本), 고창본(高昌本), 영락본(瓔珞本), 신찬본(新撰本), 제지본(制旨本) 등이 있었다는 것을 전하고 있다. 지의가 어떤 이유로 여러 계본 가운데 범망계본을 선택했는지는 알 수 없지만, 그의 선택이 후대에 큰 영향을 미쳤다는 것은 누구도 부인할 수 없을 것이다.

천태소(天台疏)로 약칭되기도 하는 이 주석서에서는 범망본을 중심으로 하면서 내용 면에서 지지본과 영락본을 고려하고, 특히 삼취정계(三聚淨戒)에 의해 대승의 계율을 종합한 것으로 평가된다. 사실 삼취정계는 『범망경』에 나오지 않지만, 지지본과 영락본에 나온다. 그런데 이미 잘 알려져 있었던 유가계본(瑜伽戒本)의 삼취정계를 빼놓고서 대승보살계를 설하기는 어려웠을 것이다. 이런 까닭에 범망계와 유가계를 결합했으며, 삼취정계 가운데 첫 번째인 섭율의계(攝律儀戒)를 확대하여 해석했을 것이다. 이로써 범망계에 사분율과 유가계가 포섭될 수 있게 된 것이다. 천태소에서 삼취정계를 적극적으로 섭취함으로써 범망계가 종파를 초월하여 지지를 얻을 수 있었던 것으로 파악하기도 한다. 당대(唐代)에 찬술된 명광(明曠)의 『천태보살계소(天台菩薩戒疏)』는 천태소를 산보(刪補)한 것이지만, 지의와 해석이 다른 부분도 적지 않다고 한다.

7세기에 중국에서 찬술된 현수(賢首) 법장의 『범망경보살계본소』도 천태소와 마찬가지로 『범망경』의 하권 가운데 '아금노사나(我今盧舍那)'부터 주석되어 있다. 이 주석서는 법장소(法藏疏)로 약칭되는데, 모두 십문(十門)으로 구성되어 있다. 제1문인 교기소인(敎起所因)에서는 이 『범망경』이 불타에 의해 설시(說示)된 열 가지 이유가 제시되어 있다. 제2문인 제장소섭(諸藏所攝)에서는 『범망경』이 이장(二藏), 삼장(三藏), 십장(十藏), 십이분교(十二分敎) 가운데 어디에 해당하는지를 논한다. 제3문인 섭교분제(攝敎分齊)에서는 일체의 가르침을 화교(化敎)와 제교(制敎)로 구분하며, 『범망경』은 중생의 잘못을 제지하는 가르침인 제교로 규정한다. 제4문인 현소위기(顯所爲機)는 현소피기(顯所被機)라고도 하는데, 『범망경』의 가르침을 받아들일 수 있는 근기를 드러낸다. 제5문인 능전교체(能詮敎體)에서는 불타의 가르침의 온갖 모습을 나타낸다. 제6문인 소전종취(所詮宗趣)에서는 『범망경』의 안목과 목적을 밝힌다. 제7문인 석경제목(釋經題目)에서는 『범망경』의 제목을 해석하고 있다. 제8문인 교기본말(敎起本末)에서는 『범망경』의 대본경(大本經)이 존재했었다고 설한다. 제9문인 부류전역(部類傳譯)은 전역연기(傳譯緣起)라고도 하는데, 『범망경』이 구체적으로 어떻게 번역되었는지 설한다. 제10문인 수문해석(隨文解釋)에서는 『범망경』의 문구(文句)를 따라 해석한다.

법장소에서도 천태소와 마찬가지로 삼취정계를 보살계의 근본으로 삼으며, 이를 『범망경』의 해석과 결부시킨다. 법장은 삼취정계를 받아 지니면 삼학(三學)을 증장하므로 구경에 삼덕(三德)과 삼신(三身)의 걸림 없는 불과(佛果)를 얻는다고 설한다. 다시 말해 섭율의계는 허물을 여의어 단덕법신(斷德法身)을 드러내고, 섭선법계는 모든 보살행과 선행을 닦아서 지덕보신(智德報身)을 이루고, 섭중생계는 은덕화신(恩德化身)을 이루는 것을 목적으로 한다. 또 법장소에서는 화엄교학의 입장에서 하나의 계에 여러 가지 뜻이 있다고 설한다. 이를테면 크게 강조하는 측면에서 보면 십중대계는 섭율의계에 해당하지만, 확 트인 시각에서 보면 삼취정계를 다 갖추고 있다는 것이다. 또 하나의 계가 다른 계를 파(破)하는 연(緣)이 되기도 하여 넓게 보면 한 계를 파하면 모든 계를 파하는 것이 된다. 반대로 한 계를 지키면 모든 계를 지키는 것이 된다. 다시 말해 낱낱의 계에 모든 계가 포함되어 있다는 것이다. 법장소는 일본에서 유행했는데, 봉담(鳳潭)과 응연(凝然) 등에 의해 연구되었다.

이처럼 『범망경』은 중국의 수당(隋唐) 대에 천태종과 화엄종의 대표적인 사상가인 지의와 법장에 의해 주석되었다. 이들의 깊이 있는 주석으로 인해 범망계는 그 해석의 폭이 넓어졌을 뿐만 아니라 대승보살계를 대표하는 보살계본으로 정착할 수 있었다. 또 이전에 성행했던 유가계본의 중심 내용이었던 삼취정계를 포섭함으로 인해 널리 유포될 수 있었다.

【03】

신라인의 『범망경』 연구

6세기 이후에 중국에서 연구되었던 『범망경』은 7세기 이후에 한국에서도 활발히 연구되었다. 중국 화엄종의 제3조로 추앙되는 법장의 『범망경보살계본소』는 중국뿐만 아니라 한국과 일본 등에서 널리 유포되었다. 일본의 불교학자인 이시이 코세이(石井公成)는 법장을 『화엄경』과 보살계의 탐구를 생애의 목적으로 한 인물로 파악한다. 그런 만큼 법장소에서는 범망계를 일상생활에서 실천할 수 있는 현실적인 보살계로 주석하고 있다. 법장소에 영향을 미쳤던 주석으로 원효(元曉), 의적(義寂), 승장(勝莊) 등의 주석을 꼽을 수 있다. 세 사람은 모두 신라인인데, 원효를 제외한 두 사람은 생몰 연대를 정확히 알 수 없다.

의적은 의상(義湘)의 10대 제자 가운데 한 사람으로 여겨지며, 혜소(慧沼)의 『성유식론요의등(成唯識論了義燈)』에서 자주 언급되었다고 한다. 다시 말해 의적은 본래 법상종 소속이었다가 의상을 만나 화엄종으로 전환한 것으로 알려져 있다. 그러나 최근에는 의적이 의상을 만난 것은 학문적 논의를 주고받은 것일 뿐이고, 의적의 학문적 계통은 법상종이라고 주장하기도 한다.

승장은 원측(圓測) 문하에 있었다고 하며, 입당(入唐)해서 의정(義淨)과 보리유지(菩提流志)의 역장에서 법장과 함께 증의(證義)로 활약했다고 한다. 그러나 최근에는 승장이 정말 원측의 제자였는지에 대해 의문을 제기하기도 한다. 따라서 현재로서는 승장이 원측의 제자인지는 단언할 수 없지만, 원측의 영향을 받았던 것은 분명하다. 의적과 승장 가운데 누가 먼저 『범망경』의 주석서를 집필했는지 알 수 없지만, 의적의 주석서를 승장이 참조한 것으로 보기도 한다. 따라서 『범망경』의 주석서는 원효, 의적, 승장의 순서로 집필된 것으로 여겨진다.

7세기에 신라에서 찬술된 원효의 『범망경보살계본사기(梵網經菩薩戒本私記)』는 상권만 전하는데, 천태소와 마찬가지로 『범망경』의 하권 가운데 '아금노사나(我今盧舍那)'부터 주석된 것이다. 전체 내용을 두 문으로 나누어서 제1문에서는 경전의 명칭을 풀이하고 있으며, 제2문에서는 본문을 해석하고 있다. 상권에는 십중계에 대한 해석만 수록되어 있는데, 소승과 대승의 입장을 비교하여 설명하고 있다.

또 원효도 지의와 마찬가지로 유가계에서 유래하는 삼취정계를 중심으로 해석하고 있다. 이를테면 경전의 제목인 심지(心地)의 해석, 게송 가운데 감로문(甘露門), 일월(日月), 영락(瓔珞) 등의 주석이다. 예를 들면 해와 달이 있어서 만물이 생장할 수 있듯이, 계도 마찬가지라는 것이다. 만약 섭율의계(攝律儀戒)와 섭정법계(攝正法戒)가 있고 섭중생계(攝衆生戒)가 없으면 자리행만 있어 이타행이 없으므로 이승(二乘)과 같게 되어 무상보리(無上菩提)의 열매를 맺지 못한다. 만약 섭중생계만 있고 섭율의계와 섭선법계(攝善法戒)가 없으면 이타만 있어 자리행이 없으므로 범부와 같게 되어 보리(菩提)의 싹을 틔우지 못한다. 그러므로 삼취계(三聚戒)가 있어야만 범부와 이승이 똑같이 무상보리의 열매를 맺을 수 있다.

이외에 원효는 『보살계본지범요기(菩薩戒本持犯要記)』도 찬술한 것으로 알려져 있다. 특히 법장은 십중계 가운데 자찬훼타계(自讚毁他戒)의 주석을 상당히 많이 참조하고 있다. 이 문헌은 8세기경 일본에도 전해져 널리 유통되었으며 활발히 연구되었다고 한다. 13세기경 일본의 불교사상가인 뇌유(賴瑜)와 응연(凝然) 등이 찬술한 주석서는 전하지 않지만, 진원(眞圓)이 찬술한 『지범요기조람집(持犯要記助攬集)』은 현존한다.

신라에서 찬술된 것으로 여겨지는 의적의 『보살계본소(菩薩戒本疏)』도 『범망경』의 하권 가운데 '아금노사나(我今盧舍那)'부터 주석된 것이다. 의적은 다섯 단락으로 나누어서 풀이하고 있다. 즉 ①핵심을 가려내어 경의 취지를 간략하게 나타내고, ②계의 근본 취지를 나타내고, ③계의 본질과 모양을 밝히고, ④제목을 풀이하고, ⑤문장을 따라 풀이한다.

특히 ②는 계의 핵심이라고도 할 수 있는데, 두 부분으로 나누어 자세히 설명한다. 먼저 수체(受體)는 계를 받고 계체(戒體)를 수지하여 파계하지 않을 것을 결심하는 것이다. 이를 구체적으로 수순하는 인연에 의해 계를 받는 것과 어긋나는 인연에 의해 받은 계를 잃는 것으로 나누어 설명한다. 여기에는 계를 받을 수 있는 사람의 자격과 계를 주는 스승의 자격, 수계의 궤범, 수계와 관련된 문답 등이 자세히 밝혀져 있다. 다음으로 수행(隨行)은 계를 지키겠다는 결심에 따라 실천하는 것이다. 여기에는 삼취정계를 받고 그것을 실천하는 것에 대해 밝히고 있다.

⑤에서는 『범망경』의 본문을 세 부분으로 나누는데, 두 번째 부분에서 중계(重戒)와 경계(輕戒)를 풀이한다. 의적은 『보살영락본업경(菩薩瓔珞本業經)』에 근거하여 십중계는 섭율의계에 속하는 것이고, 사십팔경계는 섭선법계와 섭중생계에 속하는 것이라고 판정한다. 앞의 서른 가지 경계는 섭선법계에, 뒤의 열여덟 가지 경계는 섭중생계에 배대한다. 동시에 사십팔경계가 낱낱이 삼취정계의 뜻을 갖추고 있다고 설한다. 의적은 이전의 주석 가운데 지의(智顗)의 『보살계의소(菩薩戒義疏)』의 영향을 받은 것으로 여겨지며, 『범망경』 자체의 원리주의적 성격을 고수한 것으로 평가된다.

중국에서 찬술된 것으로 여겨지는 승장(勝莊)의 『범망경술기(梵網經述記)』는 다른 주석서와 달리 『범망경』의 하권 처음부터 주석된 것이다. 승장은 신라인이기는 하지만, 당나라에서 활약했기 때문에 당나라 승려로 기록된 문헌도 있다. 승장은 다섯 문을 시설하여 해석하고 있다. 즉 ①가르침이 일어난 이유와 제목 및 경명의 유래를 서술하고, ②경의 종(宗)과 체(體)를 밝히고, ③가르침이 포섭되는 범주를 밝히고, ④가르침의 대상을 밝히고, ⑤본문을 나누어서 풀이한다.

특히 승장의 사상적 입장이 드러나는 부분은 ②와 ④이다. 먼저 ②에서는 유식학파의 교판론인 삼시교(三時敎)에 의거하여 전체의 종지를 밝히고 있다. 다음으로 ④에서는 중생의 근기를 다섯 부류, 즉 성문정성(聲聞定性), 독각정성(獨覺定性), 보살정성(菩薩定性), 부정성(不定性), 무반열반성(無般涅槃性) 등으로 나눈다. 이 가운데 『범망경』은 보살정성과 부정성의 중생을 위한 가르침이라고 설한다. 이를 통해 승장이 중국 법상종(法相宗)의 오성각별설(五性各別說)을 수용하고 있음을 알 수 있다. 그런데 원측은 일체개성설(一切皆成說), 즉 모든 중생은 성불할 수 있다고 주장한다. 다시 말해 승장은 원측의 입장을 따르지 않고, 규기(窺基)의 입장을 수용한 것이다.

주석의 대부분을 차지하는 ⑤에서는 그 내용을 셋으로 분과하며, 정설분은 자세히 해석하는 것과 총괄적으로 맺는 것의 둘로 분과한다. 특히 사십팔경계의 해석에는 삼취정계를 끌어들이고 있다. 즉 제1경계부터 제8경계까지는 섭선법계에, 제9경계와 제10경계는 요익유정계에, 제11경부터 제20경계까지는 요익유정계에, 제21경계부터 제24경계까지는 섭선법계에, 제25경계부터 제30경계까지는 요익유정계에, 제31경계부터 제33경계까지는 요익유정계에, 제34경계부터 제39경계까지는 섭선법계에, 제40경계부터 제48경계까지는 요익유정계에 배대한다. 이처럼 승장은 각 경계(輕戒)가 삼취정계 가운데 일부를 섭수한다는 입장이다.

일본의 불교학자인 요시즈 요시히데(吉津宜英)는 승장의 주석이 『범망경』 하권의 처음부터 시작된 것에 상당한 의미를 부여하고 있다. 하권의 게송 이전 부분은 상권과 밀접한 관련이 있기 때문이다. 이로써 『범망경』 전체, 즉 상권과 하권의 주석으로 나아갈 수 있게 되었다고 본 것이다. 법장은 승장의 주석에 대해 비판적인 입장이지만, 원효와 의적의 주석에 대해서는 상당히 호의적인 것으로 알려져 있다. 승장은 유가계를 바탕으로 범망계를 포섭하는 데 중점을 두지만, 원효와 의적은 범망계를 해석하는 데 중점을 두기 때문이다.

신라에서 찬술된 것으로 여겨지는 태현(太賢)의 『범망경고적기(梵網經古迹記)』는 최초로 『범망경』 전체를 주석한 것이다. 태현은 생몰 연대와 행적을 알 수 없지만, 원측의 제자였던 도증(道證)의 제자로 알려져 있다. 이런 까닭에 태현을 법상종의 승려로 보기도 하지만, 현존하는 여러 저술을 볼 때 반야(般若), 정토(淨土), 유식(唯識), 인명(因明) 등의 다양한 분야에 관심이 있었던 것으로 여겨진다.

태현은 일곱 문으로 나누어서 해석하고 있다. 즉 ①설법의 때와 장소를 밝히며, ②설법의 대상을 밝히며, ③장(藏)에 포섭되는 것을 밝히며, ④번역 과정을 밝히며, ⑤종취(宗趣)를 밝히며, ⑥제목을 풀이하며, ⑦본문을 풀이한다.

특히 ⑤에서 이 경전의 종취를 종(宗)은 심행(心行)이며, 취(趣)는 깨달음을 증득하고 중생을 이롭게 하는 것이라고 밝힌다. 또 종(宗)을 바른 행위를 가르치는 문인 교정행문(敎正行門)과 악한 행위를 경계하는 문인 계악행문(誡惡行門)으로 나눈다. 전자는 삼현(三賢)·십성(十聖)의 교설을 가리키며, 후자는 십중계와 사십팔경계의 교설을 가리킨다. 다음에 취(趣)를 여래성문(如來性門)과 발취상문(發趣相門)으로 나눈다. 즉 진여성(眞如性)과 보리심을 발하여 서원을 일으켜 보살도를 행하여 불보살의 지위를 이루는 것을 밝힌 것이다.

⑦에서는 본문을 크게 두 문으로 나누는데, 첫 번째는 본사(本師)인 노사나불이 설한 부분이고, 두 번째는 화신(化身)인 석가불이 전하여 설한 부분이다. 두 번째 부분은 다시 두 문으로 나누는데, 첫째는 앞의

노사나불이 설한 삼현십성의 도(道)를 전한 것이고, 둘째는 십중계와 사십팔경계를 설한 것이다. 태현도 승장과 마찬가지로 『유가론』을 많이 인용해서 해석하지만, 범망계와 유가계를 동등한 입장에서 다루고 있다. 또 십중계를 해석하면서 '모든 계는 낱낱이 모두 삼취계(三聚戒)의 뜻을 갖추고 있다'라고 설한다. 다시 말해 태현은 범망계를 삼취정계와 연관시키기는 하지만, 의적과 승장처럼 사십팔경계를 배대하지 않는다.

태현은 『범망경』의 연구 성과를 두루 섭렵하여 자신의 주석에 반영하고 있다. 이로 인해 태현의 주석서는 『범망경』에 대한 구체적이고 전반적인 이해를 돕는 가장 뛰어난 것으로 평가된다. 또 태현은 십중계와 사십팔경계의 명칭을 천태소와 법장소를 참조하여 그 의미가 잘 드러나도록 붙인 것으로도 유명하다.

원래 『범망경』에 수록된 계조(戒條)에는 명칭이 없는데, 주석자가 간략하게 명칭을 붙이는 것을 계명(戒名)이라고 한다. 이런 까닭에 십중계와 사십팔경계의 명칭은 주석마다 조금씩 달랐는데, 태현에 이르러서 일목요연하게 정리된 것이다. 태현의 주석서는 특히 일본의 불교계에 큰 영향을 미쳤으며, 여기에 대한 주석서가 무려 60여 부에 달한다고 한다. 가장 오래된 주석서는 8세기경 일본에서 찬술된 선주(善珠)의 『범망경약초(梵網經略抄)』이다.

이처럼 7~8세기경 네 명의 신라인들에 의해 이루어진 『범망경』 연구는 중국뿐만 아니라 일본에도 큰 영향을 미쳤다. 처음에는 『범망경』의 하권, 즉 『범망경보살계본』에 대한 연구만 이루어졌지만, 점차 상권과 하권으로 연구 범위가 넓어졌다. 원효와 의적은 『범망경』의 앞부분에 있는 게송인 '아금노사나(我今盧舍那)'부터 주석했지만, 승장은 하권의 처음부터 주석했으며, 태현은 상권과 하권을 전부 주석하였다. 이들의 연구로 범망계에 대한 이해의 폭이 넓어졌다는 것은 분명한 사실일 것이다. 비록 범망계를 해석하는 관점이 서로 다를지라도 그 목적은 전부 같았을 것이다. 모두 범망보살계의 이해와 실천을 통해 불보살의 지위에 이르기를 간절히 염원했을 것이다.

【04】

십중계, 대승보살이 반드시 지켜야 하는 열 가지 중계

동아시아에 널리 유포된 범망계의 중심 내용은 보살계, 구체적으로 중계(重戒)와 경계(輕戒)일 것이다. 특히 대승 보살이 반드시 지켜야 하는 중계는 열 가지인데, 이를 십중계(十重戒)라고 한다. 그 당위성이 강조된 표현으로 십중대계(十重大戒), 십중금계(十重禁戒), 십바라이(十波羅夷), 십중바라제목차(十重波羅提木叉) 등이 있다. 또 『보살영락본업경(菩薩瓔珞本業經)』에서는 십불가회계(十不可悔戒)라고도 하는데, 열 가지 계를 범하면 참회하더라도 돌이킬 수 없이 바라이(波羅夷)에 들어가기 때문이다.

여러 주석에 의하면 십중계는 대승 경론에 나오는 것을 종합한 것이라고 한다. 우선 『유가론』의 네 가지 타승처법(他勝處法)은 십중계 가운데 뒤의 네 가지 계와 일치한다. 다음으로 『선생경(善生經)』이라고도 불리는 『우바새계경(優婆塞戒經)』의 육중법(六重法)은 십중계 가운데 앞의 여섯 가지와 일치한다. 마지막으로 『보살선계경(菩薩善戒經)』의 팔중법(八重法)은 십중계 가운데 앞의 네 가지와 뒤의 네 가지와 일치한다고 한다. 다시 말해 범망계는 유가계의 네 가지 무거운 계, 재가 보살의 여섯 가지 무거운 계, 출가 보살의 여덟 가지 무거운 계를 합한 것이다. 그 이유는 모든 보살이 지켜야만 하는 계이기 때문이다.

『범망경』에서는 십중바라제목차, 즉 열 가지 무거운 바라제목차의 내용을 설하지만, 그 계명(戒名)을 별도로 설하지는 않는다. 이로 인해 주석자마다 조금씩 다르게 계명을 붙이는데, 가장 많이 알려진 것은 지의(智顗)의 『보살계의소(菩薩戒義疏)』에 나오는 명칭이다. 즉 ①살계(殺戒), ②도계(盜戒), ③음계(婬戒), ④망어계(妄語戒), ⑤고주계(酤酒戒), ⑥설사중과계(說四衆過戒), ⑦자찬훼타계(自讚毁他戒), ⑧간석가훼계(慳惜加毁戒), ⑨진심불수회계(瞋心不受悔戒), ⑩방삼보계(謗三寶戒)이다. 법장의 『범망경보살계본소(梵網經菩薩戒本疏)』에서는 열 가지 가운데 세 가지만 계명을 다르게 붙인다. 즉 ⑥설사중과계를 ⑥설과계(說過戒)로, ⑧간석가훼계를 고간계(故慳戒)로, ⑨진심불수회계(瞋心不受悔戒)를 ⑨고진계(故瞋戒)로 간략하게 표현하고 있다.

법장의 주석에 의하면 열 가지 무거운 계는 다음과 같다.

①살생함을 경계하는 것, ②도둑질함을 경계하는 것, ③음행함을 경계하는 것, ④거짓말함을 경계하는 것, ⑤술 파는 일을 경계하는 것, ⑥사부대중의 허물을 말함을 경계하는 것, ⑦자기를 칭찬하고 다른 사람을 비방함을 경계하는 것, ⑧고의로 인색함을 경계하는 것, ⑨고의로 화냄을 경계하는 것, ⑩삼보를 비방함을 경계하는 것이다.

태현(太賢)의 『범망경고적기(梵網經古迹記)』에서는 이전의 계명을 대폭 수정하고 있다. 열 가지 계명 가운데 ⑦자찬훼타계를 제외한 아홉 가지를 다르게 붙인다. 즉 ①쾌의살생계(快意殺生戒), ②겁도인물계(劫盜人物戒), ③무자행욕계(無慈行欲戒), ④고심망어계(故心妄語戒), ⑤고주생죄계(酤酒生罪戒), ⑥담타과실계(談他過失戒), ⑧간생훼욕계(慳生毁辱戒), ⑨진불수사계(瞋不受謝戒), ⑩훼방삼보계(毁謗三寶戒)이다.

태현의 주석에 의한 열 가지 무거운 계는 다음과 같다.

①즐거운 생각으로 살생하는 일을 하지 말아야 하며, ②남의 물건을 겁탈하고 훔치는 일을 하지 말아야 하며, ③자비로운 마음 없이 음욕을 행하는 일을 하지 말아야 하며, ④고의적인 마음으로 거짓말을 하는 일을 하지 말아야 하며, ⑤술을 팔아서 죄를 일으키게 하는 일을 하지 말아야 하며, ⑥다른 사람의 과실을 말하는 일을 하지 말아야 하며, ⑦자기를 찬탄하고 다른 사람을 비방하는 일을 하지 말아야 하며, ⑧재물과 법을 아까워하고 헐뜯고 욕하는 일을 하지 말아야 하며, ⑨분노하면서 다른 사람이 사과하는 것을 받아들이지 않는 일을 하지 말아야 하며, ⑩삼보를 헐뜯고 비방하는 일을 하지 말아야 한다.

태현은 열 가지 무거운 계를 삼업(三業)으로 분류한다. 신업(身業)에 해당하는 것은 네 가지(①쾌의살생계, ②겁도인물계, ③무자행욕계, ⑤고주생죄계)이며, 어업(語業)에 해당하는 것은 세 가지(④고심망어계, ⑥담타과실계, ⑦자찬훼타계)이며, 의업(意業)에 해당하는 것은 세 가지(⑧간생훼욕계, ⑨진불수사계, ⑩훼방삼보계)이다. 또 열 가지 무거운 계가 삼독(三毒)으로부터 생겨난다고 설한다. 즉 탐욕을 말미암아 네 가지(②겁도인물계, ③무자행욕계, ⑤고주생죄계, ⑧간생훼욕계), 분노를 말미암아 두 가지(①쾌의살생계, ⑨진불수사계), 어리석음을 말미암아 한 가지(⑩훼방삼보계)가 생겨난다고 한다. 세 가지 어업은 탐욕·분노·어리석음으로 말미암아 구경에 이른다고 한다. 그리고 음행·분노·삿된 견해는 비정(非情)도 관련되기도 한다고 덧붙인다. 이렇듯 세밀하게 구분하는 이유는 정황에 따라 중죄(重罪) 여부를 판단해야 하기 때문이다.

태현은 보살계는 실상이 무거우면 무거운 것이고, 이치상 가벼우면 가벼운 것이라고 설한다. 그러면서 대과(大果)를 얻으려고 한다면 공경하는 마음으로 받아 지닐 것을 강조한다. 아울러 부지런히 정진할 것을 두 가지 비유를 들어 당부한다. 첫 번째 비유는 작은 물도 끊임없이 흐르면 돌을 뚫을 수 있다는 것이다. 두 번째 비유는 훌륭한 의사가 약을 처방해주어도 복용하지 않는다면 아무 소용이 없다는 것이다. 다시 말하면 작은 물이라도 계속 흐르지 않으면 돌을 뚫을 수 없으며, 처방한 약을 먹지 않는 것은 의사의 허물이 아니라 환자의 허물이다. 그러므로 토끼처럼 교만한 마음을 품지 않고 거북처럼 느릿느릿 꾸준히 간다면 언젠가는 목표에 도달할 수 있을 것이다.

【05】

쾌감을 느끼며 살생하지 말라

십중계(十重戒) 가운데 제1중계는 쾌의살생계(快意殺生戒)로, 생명을 빼앗는 행위인 살생을 금지한 것이다. 오계와 십계(十戒)·육계(六戒) 등에서도 불살생계를 설하는데, 범망보살계에서는 그 강도를 높여 살생을 보살의 바라이죄(波羅夷罪)라고 단언한다. 성문계(聲聞戒)에서 바라이(波羅夷)는 불교 교단에서 추방되는 중죄(重罪)인 것처럼, 만약 보살이 바라이죄를 범한다면 보살의 자격을 잃게 된다. 성문계에서는 살인(殺人)이 세 번째이지만, 범망보살계에서는 대비(大悲)를 근본으로 삼기 때문에 살생을 첫 번째로 제정한 것이다.

보살은 살아 있는 모든 생명을 빼앗는 행위를 해서는 안 된다. 구체적으로 ①자신이 죽이거나, ②다른 사람을 시켜서 죽이게 하거나, ③방편을 이용하여 죽이거나, ④찬탄한 것에 의해 죽이거나, ⑤죽이는 것을 보고 따라서 기뻐하는 것에 의해 죽이거나,

⑥주문으로 죽여서는 안 된다. 이 가운데 ①은 자기 스스로 목숨을 끊는 것이 아니라 자기 손으로, 또는 연장 등으로 직접 살생하는 것이다. ②는 남을 죽이도록 부추기거나 다른 사람을 시켜서 살생을 하는 것이다. ③은 약을 먹게 하거나, 죽이려는 대상이 다니는 길가에 덫을 놓거나 하는 등으로 살생하는 것이다. ④는 비참하게 사는 것보다 차라리 죽는 것이 낫다고 하는 등으로 죽음을 찬탄해서 살생하게 만드는 것이다. ⑤는 다른 사람이 죽이는 것을 보고서 기뻐하면서 살생하는 것이다.

또 보살은 살생의 업(業)과 살생의 법(法)과 살생의 인(因)과 살생의 연(緣)을 성취하여 일체의 생명이 있는 것들을 고의로 죽여서는 안 된다. 살생하게 되는 원인은 대체로 삼독심(三毒心), 즉 탐심(貪心)·진심(瞋心)·치심(癡心)이다. 이런 마음은 살생을 조성할 여러 가지 조건과 방편을 도모하게 되며, 마침내 살생하는 방법으로서 연장이나 무기 등을 사용하여 살생하는 일을 감행하게 된다. 살생의 결과로 원수를 갚았다든지, 무언가를 받았다든지, 살생한 것을 팔았다든지 하는 것은 살생의 업이 된다. 따라서 다섯 가지 조건을 갖추면 반드시 위범(違犯)을 이룬다.

그런데 보살이 살생했음에도 불구하고 업도(業道)는 이루어지지 않고 무거운 계를 위범한 것에도 들어가지 않는 경우가 있다. 『유가론』에는 보살이 중죄를 지으려는 이를 보고서 그를 가엾게 여겨서 살생하는 장면이 묘사되어 있다. 여기에서 살생의 원인은 그의 악행을 멈추게 하려는 보살의 선한 마음이다. 이런 경우는 번뇌를 결여했기 때문에 위범이 없는 것이고, 의지가 선하기 때문에 많은 공덕을 낳는다고 한다. 이에 대해 태현은 다른 주석가들과 달리 의도가 선하거나 무기(無記)여서 업도는 이루어지지 않더라도 위범은 성립된다고 주석한다. 비록 선한 마음으로 살생했더라도 살생한 것은 분명하므로 그 행위 자체를 부정할 수 없다고 본 것이다. 아울러 위범에서 제외되는 경우는 마음이 광란한 상태인 경우, 무거운 고통으로 핍박받는 경우, 아직 정계율의(淨戒律儀)를 받지 않은 경우, 억념(憶念)이 없는 경우, 여러 가지로 뛰어나게 이익되는 것이 있는 경우로 한정된다.

범망보살계에서는 이전과 마찬가지로 고의로 살생하지 말 것을 강조하는데, 보살은 항상 자비로운 마음을 가져야 하기 때문이다. 만약 보살이 즐거운 생각으로 자신의 마음이 내키는 대로 살생을 하면 중죄를 범하는 것이다. 성문계에서는 사람과 사람 아닌 것을 살생했을 경우, 각각 바라이죄와 투란차(偸蘭遮)로 구분한다. 하지만 보살은 단지 목숨이 있는 것이기만 하면 고의로 살생했을 경우 모두 바라이죄이다. 따라서 보살은 모든 살아 있는 생명을 고의로 살생하는 것뿐만 아니라 즐거운 생각으로 내키는 대로 살생해서도 안 된다. 이런 까닭에 태현은 이전에 살계(殺戒)라고 불렀던 것을 쾌의살생계(快意殺生戒)라고 한 것으로 보인다. 보살은 항상 자비로운 마음과 효순하는 마음을 일으키고, 방편으로 모든 중생을 구호(救護)해야 한다.

【06】

다른 사람의 물건을 겁탈하고 훔치지 말라

십중계 가운데 제2중계는 겁도인물계(劫盜人物戒)로, 다른 사람의 물건을 훔치는 행위인 투도(偸盜)를 금지한 것이다. 대승 보살이 훔치는 행위를 해서는 안 되는 가장 큰 이유는 그것이 여섯 가지 바라밀 가운데 보시 바라밀과 관련이 깊기 때문이다. 훔치는 행위는 보시를 무너뜨리는 것이어서 자신의 이익과 타인의 이익을 모두 손상시킨다. 또 훔치는 행위는 중생의 물리적인 환경인 의보(依報)를 손상시키는 것이다.

보살은 스스로 훔치거나, 다른 사람을 시켜서 훔치게 하거나, 방편으로 훔쳐서는 안 된다. 이 가운데 스스로 훔치는 것에는 여덟 가지 구분이 있다. 즉 ①갑자기 빼앗는 것, ②사기 쳐서 빼앗는 것, ③세력으로 억압하여 빼앗는 것, ④상대방의 약점을 이용해 합법적으로 빼앗는 것, ⑤부탁을 받고 맡았던 물건을 돌려주지 않는 것, ⑥세금을 내지 않는 것, ⑦몰래 훔치는 것, ⑧속임수로 가져가는 것이다. 이러한 방법을 다른 사람에게 가르쳐서 그렇게 하도록 한다면 다른 사람을 시켜서 훔치게 하는 것이다.

또 보살은 도둑질의 인(因)과 도둑질의 연(緣)과 도둑질의 법과 도둑질의 업을 성취하여 귀신의 물건과 도둑에게 빼앗긴 물건 등의 주인이 있는 일체의 물건을 하나의 바늘과 한 포기의 풀일지라도 고의로 훔쳐서는 안 된다. 도둑질의 원인에는 여러 가지가 있겠지만, 대체로 다른 사람의 것을 탐내는 마음에서 비롯된다. 이런 마음이 있으면 도둑질할 장소를 물색한다든지, 출입구를 살핀다든지, 도망칠 궁리를 하게 되는데, 이것이 도둑질의 연이다. 잠금장치를 해제하거나 파괴하는 방법, 물건을 갈취하는 방법 등은 도둑질의 법이며, 도둑질로 생계를 유지하거나 다른 사람의 물건을 훔쳐서 옮겨가는 것은 도둑질의 업이다. 따라서 보살은 다른 사람의 물건을 훔치려는 마음조차 일으켜서는 안 된다.

성문계에서는 훔치는 행위를 처벌할 적에 물건의 주인에 따라 죄의 경중이 달라진다. 우선 주인이 있는 물건은 다섯 가지로 구분되는데, 즉 삼보(三寶)의 물건, 사람의 물건, 축생의 물건, 귀신의 물건, 도둑에게 빼앗긴 물건이다. 이 가운데 삼보의 물건은 불보(佛寶)와 법보(法寶)에 속하는 재물, 승보(僧寶)에 속한 재물로 나뉜다. 『마하승기율』에서는 삼보의 물건을 서로 바꾸어 쓰면 모두 바라이죄라고 하지만, 『보량경(寶梁經)』에서는 승보의 물건인 경우는 승중(僧衆)의 허락을 받으면 바라이죄가 아니라고 한다. 그런데 『열반경』에서는 불보에 속하는 재물을 도둑질하면, 알고 했거나 알지 못하고 했거나 투란차를 범한 것이라고 한다. 여기에 대해 수호하는 이가 없다는 관점에서 보면 투란차이지만, 수호하는 이가 있다는 관점에서 보면 중죄라고 구분하기도 한다. 그런데 보살계에서는 단지 주인이 있는 물건이면 모두 중죄를 범하는 것으로 본다. 그 이유는 삼보의 물건은 관장하기 어려워서 금제(禁制)함과 청허(聽許)함, 지키는 것과 위범함을 자세히 알기 어렵기 때문이다.

그렇지만 보살계에서는 상황에 따라 삼보의 물건, 특히 불보의 물건을 사용할 수도 있다고 설한다. 『유가론』에서는 보살은 이전에 비축해 두었던 재물과 보시물을 청정한 보시를 짓기 위하여 청정한 의지로 시방의 여러 불보살에게 준다고 설한다. 부처님께서 이 세상에 출현하신 것은 법을 일으키기 위한 것이며, 법을 일으키는 뜻은 중생을 위하는 것에 있다. 따라서 법을 일으키고 중생을 이롭게 하는 데 어떤 물건이라도 사용할 수 있다는 것이다. 그렇지만 두 가지 경우에는 제외되는데, 염오심(染汚心)이 있는 경우와 뛰어난 이익이 없는 경우이다.

한 가지 명심해야 할 것은 주인이 있는 물건을 옳은 것을 위함도 없고, 이익을 위함도 없이 도둑질하려는 마음으로 취하면, 한 포기의 풀이라도 바라이를 범하는 것이다. 성문계에서는 훔친 물건의 가치가 5전(錢)이 되어야 중죄이지만, 보살계에서는 한 포기의 풀일지라도 훔친다면 중죄이다. 사소하게 여겨지는 한 포기의 풀은 중생의 생명을 유지하는 음식일 수도 있으므로 결코 가볍게 여겨서는 안 된다. 『대지도론(大智度論)』에서는 "일체의 모든 중생은 옷을 입고 음식을 먹으며 스스로 살아가네. 협박하거나 빼앗아서 취하면 목숨을 겁탈하는 것이라네."라고 설한다. 이런 까닭에 태현은 이전에 도계(盜戒)라고 불렀던 것을 겁도인물계(劫盜人物戒)로 부른 것으로 보인다. 따라서 보살은 남의 물건을 겁탈하고 훔치는 일을 해서는 안 된다.

【07】

자비로운 마음 없이 음욕을 행하지 말라

십중계 가운데 제3중계는 무자행욕계(無慈行欲戒)로, 음란한 행위인 음행(婬行)을 금지한 것이다. 성문계에서는 음욕(婬欲)을 첫 번째로 삼는데, 생사의 고통에서 벗어나기 위해서는 범행(梵行)이 급선무라고 여기기 때문이다. 보살계에서도 음욕(婬欲)은 생사의 견고한 감옥에서 가쇄(枷鎖)가 되어 유정(有情)을 더욱 속박하고 벗어나기 어렵게 만든다고 한다. 감옥에 그냥 갇혀 있는 것도 힘든데, 목에 나무틀을 씌우고, 허리에 쇠사슬을 채운다면 어떻겠는가. 『대지도론』에서는 음욕은 중생을 괴롭히지는 않지만, 마음을 속박시키기 때문에 대죄(大罪)로 삼는다고 설한다. 또 『유가론』에서는 모든 애(愛) 가운데 가장 강력한 것으로 욕애(欲愛)를 꼽으며, 이것을 다스릴 수 있으면 나머지는 저절로 조복된다고 설한다.

보살은 스스로 음란한 행위를 하거나 다른 사람으로 하여금 음란한 행위를 하도록 하거나, 내지 일체의 여인에게 고의로 음란한 행위를 해서는 안 된다. 성문계에서는 스스로 음란한 행위를 해야 비로소 중죄가 되지만, 보살계에서는 다른 사람으로 하여금 음란한 행위를 하도록 해도 중죄가 된다. 또 부부관계를 허용하는 재가보살일지라도 무분별한 음행은 바람직하지 않은 것으로 여긴다. 『유가론』에서는 음란한 행위를 해도 되는 여인이라고 할지라도 그릇된 부분, 그릇된 장소, 그릇된 시기, 적절한 한도에 들어맞지 않는 것 등을 살펴야 한다고 설한다. 당연히 어머니와 같은 부류, 즉 자매나 다른 사람의 부인 등은 음란한 행위의 대상으로 삼지 말아야 할 여인이다. 예외적으로 재가 보살에게는 자신의 부인이 아닌 여성과의 음행이 허용되기도 한다. 이 경우에 상대 여성은 소속이 없어야 하며, 그 여성을 이익되게 할 수 있을 것이 예상되면 음행을 할 수도 있다. 『유가론』에는 누군가에게 매여 있지 않은 여인이 보살에게 마음을 두어 청정하지 않은 행위를 요구하는 장면이 묘사되어 있다. 이때 보살이 자비로운 마음에 머물러 청정하지 않은 행위를 한다면, 계를 범한 것이 아니고 오히려 공덕을 낳는다고 한다.

또 보살은 음란한 인(因)과 음란한 업과 음란한 법과 음란한 연(緣)을 지으며, 내지 축생의 여성과 모든 하늘과 귀신의 여성의 정도(正道) 및 일체 여인의 비도(非道)에 음란한 행위를 해서는 안 된다. 음란한 행위의 원인은 번뇌에 물든 마음이고, 음란한 행위의 연은 음행의 대상을 보고 마음이 이끌려 따라가는 것이고, 음란한 행위의 법은 입 맞추거나 포옹하는 것 등이고, 음란한 행위의 업은 성행위를 하는 것이다. 이러한 조건은 십지(十地) 이전의 보살인 초업(初業) 보살을 금제(禁制)한 것이라고 한다.

십지 이상의 보살, 즉 지상(地上) 보살인 경우는 겉으로 드러나는 행위보다 안으로 품는 마음에 비중을 둔다. 『열반경』에서는 비록 여인과 교합하지 않았더라도 여인이 영락을 찰랑거리는 소리를 듣고 마음에 애착이 생겨나면 욕법(欲法)을 성취하여 파계(破戒)가 이루어진다고 한다. 나아가 『문수사리문경(文殊師利問經)』에서는 마음에 남녀라거나 남녀가 아니라는 모양을 일으키고 분별하면 보살의 바라이죄라고 설한다.

그러므로 보살은 중생에게 욕망을 여의는 법문을 베풀어주어서 생사의 고통을 건너게 해야 한다. 음욕을 비롯한 모든 욕망은 그 성품이 헛되고 거짓된 것인데도 중생들은 거기에 빠져 허우적거리고 있기 때문이다. 그런데 보살이 모든 사람에 대해 음란한 마음을 일으키고, 대상을 가리지 않고 음란한 행위를 하면서 자비심이 없다면 어떻게 되겠는가. 이런 까닭에 태현은 이전에 음계(婬戒)라고 불렀던 것을 무자행욕계(無慈行欲戒)로 부른 것으로 보인다. 따라서 보살은 자비로운 마음이 없이 음욕을 행하는 일을 해서는 안 된다.

【08】

일부러 거짓말하지 말라

십중계 가운데 제4중계는 고심망어계(故心妄語戒), 거짓말을 하는 행위인 망어(妄語)를 금지한 것이다. 여러 계율에서 거짓말을 해서는 안 된다고 설하는데, 보살계에서도 입으로 하는 행위 가운데 가장 경계해야 할 것을 거짓말로 여긴다. 『대지도론』에서는 거짓말을 하는 사람은 먼저 스스로 자신을 속이고 그런 후에 다른 사람을 속여서 실제를 거짓이라고 하고 거짓을 실제라고 하여 거짓과 실제를 전도시키고 선법(善法)을 받아들이지 않다고 설한다. 뒤집힌 항아리에 물을 담을 수 없듯이, 거짓말이 마음을 뒤집으면 도법(道法)이 들어갈 수 없다고 한다. 또 『유가론』에서는 거짓말을 멀리 여의어야 한다고 설한다. 거짓말은 선법을 장애하여 악취(惡趣)에 굴러떨어지고, 나중에 인간으로 태어나도 항상 비방을 당한다고 한다.

보살은 스스로 거짓말을 하거나, 다른 사람으로 하여금 거짓말을 하게 하거나, 방편으로 거짓말을 해서는 안 된다. 이 가운데 방편으로 거짓말을 하는 것은 다른 일을 기탁하여 다른 사람으로 하여금 달리 이해하게 하는 것이다. 비록 자신의 입으로 대망어(大妄語)를 설하지 않았더라도 여러 가지 일을 나타내어 나머지 사람들로 하여금 성법(聖法)을 얻은 것으로 알게 하면서 뜻을 명예와 이익을 얻는 것에 두는 것이다. 성문계에서 대망어는 바라이죄에 해당하는데, 아라한과를 얻지 못했으면서 얻었다고 거짓말하는 것이다. 보살계에서도 깨닫지 못했으면서 깨달았다고 거짓말을 하는 것은 바라이죄이다.

또 보살은 거짓말의 인(因)과 거짓말의 연(緣)과 거짓말의 법과 거짓말의 업을 지으면서, 내지 보지 않은 것을 보았다고 말하고, 본 것을 보지 않았다고 말하며, 몸과 마음으로도 거짓말을 해서는 안 된다. 거짓말의 원인은 누군가를 속이려는 마음인데, 이는 삼독심(三毒心)으로부터 비롯된 것이다. 거짓말의 연은 자신의 덕이나 학문이나 수행을 드러내기 위하여 말하는 것이며, 거짓말의 법은 온갖 방법이나 수단 등을 구사하는 것이다. 거짓말의 업은 이를 실천해서 사람들로 하여금 현혹되게 하는 것이다. 몸으로 거짓말을 하는 것은 어떤 말도 하지 않고 동작으로 거짓말을 이루는 것이다. 마음으로 거짓말을 하는 것은 보지 않은 것을 본 것이라고 생각하면서도, 보지 않았다고 속여서 말하는 것이다. 다시 말해 보지 않았다고 하는 것은 실제로 그가 보지 않았기 때문에 일어난 일만 생각하면 사실이지만, 그 자신은 보았다고 생각하고 있으므로 그 자신이 알고 있는 것을 뒤집은 것이다.

그러므로 보살은 항상 바른 말과 바른 견해를 내고, 또한 모든 중생으로 하여금 바른 말과 바른 견해를 내도록 해야 한다. 예외적으로 보살에게 거짓말이 허용되는 경우가 『유가론』에 나온다. 즉 보살은 중생을 구제하여 고난에서 벗어나게 하려고 할 경우에만 거짓말을 할 수 있다. 그렇지만 자신의 명예와 이익을 위해 속이려는 마음으로 거짓말을 해서는 안 된다. 이런 까닭에 태현은 이전에 망어계(妄語戒)라고 불렀던 것을 고심망어계(故心妄語戒)로 부른 것으로 보인다. 보살은 고의적인 마음으로 거짓말을 하는 일을 해서는 안 된다.

【09】

술을 팔아서 죄를 일으키게 하지 말라

십중계 가운데 제5중계는 고주생죄계(酤酒生罪戒)로, 술 파는 행위인 고주(酤酒)를 금지한 것이다. 오계에서는 술을 마시지 말라고 했는데, 범망보살계에서는 술을 마시지 않는 것이 중계(重戒)가 아니라 경계(輕戒)이다. 즉 술을 마시는 것보다 술을 팔지 않는 것이 더 중요하다고 본 것이다. 여기에 대해 법장은 불음주(不飮酒)는 술을 마시는 당사자에게 해당하지만, 술을 파는 것은 많은 사람을 위험에 빠뜨리는 일이어서 보살이 해서는 안 되는 일이라고 설한다.

보살은 스스로 술을 팔거나, 다른 사람으로 하여금 술을 팔게 해서는 안 된다. 여러 경론에서 강조하듯이, 술에 탐닉하면 자신의 바른 생각을 잃고 본래 마음에서 어긋나기 쉽다. 또 술에 취하면 하지 말아야 할 행위를 서슴없이 하고, 말하지 말아야 할 것을 횡설수설하게 된다. 이런 까닭에 지의는 술의 해악을 사람을 취하게 하여 어지럽히는 것이라고 설한다. 이외에도 술의 폐해는 헤아릴 수 없이 많으므로 술을 파는 행위는 많은 사람에게 해를 끼치는 행위가 된다.

그러므로 보살은 술을 파는 인(因)과 술을 파는 연(緣)과 술을 파는 법과 술을 파는 업을 지어서는 안 된다. 술을 파는 원인은 여러 가지가 있겠지만, 대체로 술을 다른 사람에게 주어서 이익을 구하려는 마음 때문이다. 만약 술을 팔아도 아무런 이익을 얻지 못한다면 굳이 그럴 필요가 없을 것이다. 보살이 술을 팔지 말아야 하는 가장 큰 이유는 술은 죄를 일으키는 인연이 되기 때문이다. 보살이 자신의 사소한 이익 때문에 다른 사람의 큰 위험을 모른 척할 수 있겠는가.

그런데 술을 약으로 사용하거나, 더 중요한 목적을 위해 사용할 때에는 설사 이익을 바라고 판다고 해도 죄가 되지 않는다고 한다. 특히 술을 약으로 사용하는 경우는 성문계에서도 허용하고 있으며, 범망보살계에서도 약주(藥酒)로 부르면서 허용한다. 이런 경우 술은 사람을 어지럽히지 않기 때문에 해악이 없다고 한다. 또 범망보살계에서는 누군가를 불행이나 위험에서 구할 수 있다면 술을 마시거나 파는 것을 허용한다. 예를 들면 다른 사람이 무간지옥에 떨어지는 것을 구하기 위하여 같이 마셔서 무거운 업보를 받는 것을 멈추게 하는 것이다. 이 경우 더 큰 죄를 저지르는 것을 막기 위한 목적이기 때문이다.

이처럼 보살은 모든 중생으로 하여금 이치를 밝게 알고 일을 두루 아는 지혜를 내도록 해야 한다. 만약 보살이 중생으로 하여금 전도된 마음을 내게 한다면 보살에게 책임이 없다고 할 수 없다. 술에 취해 사리분별을 하지 못하는 이들이 저지르는 악행을 미연에 방지하기 위해서는 술을 팔아서는 안 된다고 본 것이다. 어떤 목적으로 술을 파느냐에 따라 중생에게 해를 끼칠 수도 있고, 중생을 불행이나 위험에서 구할 수도 있다. 이런 까닭에 태현은 이전에 고주계(酤酒戒)라고 불렀던 것을 고주생죄계(酤酒生罪戒)로 부른 것으로 보인다. 보살은 술을 팔아서 죄를 일으키게 하는 일을 하지 말아야 한다.

【10】

다른 사람의 과실을 말하지 말라

십중계 가운데 제6중계는 담타과실계(談他過失戒)로, 사부대중의 허물을 말하는 행위를 금지한 것이다. 불교 교단의 구성원인 사부대중의 허물은 넓게 보면 불법(佛法)의 허물이 되기도 한다. 물론 불법 자체에는 허물이 없지만, 그것을 실천하는 구성원의 허물은 있을 수밖에 없다. 그 허물이 만천하에 드러난다면 다른 사람의 믿음을 무너뜨리게 되며, 보살이 되려는 마음도 사라져버리게 된다. 크고 작은 허물보다 더 중요한 것은 보살로서 법을 일으켜 중생을 이롭게 하려는 마음이다.

보살은 입으로 스스로 출가 보살과 재가 보살, 비구와 비구니의 죄과를 말하거나, 다른 사람으로 하여금 죄과를 말하도록 해서는 안 된다. 여기서 출가 보살과 재가 보살은 보살계를 받은 사람이며, 비구와 비구니는 구족계를 받은 사람이다. 눈여겨보아야 할 부분은 보살계를 받았든, 받지 않았든 간에 출가자의 허물을 말하는 것을 경계한 것이다. 그 이유에 대해 태현은 진실로 위범(違犯)한 것이 있다고 하더라도 여전히 복전(福田)이 될 수 있기 때문이라고 한다. 『보살영락본업경(菩薩瓔珞本業經)』에서는 계를 받아 지니고 위범하는 이는 계를 받지 않아서 위범하는 일도 없는 이보다 뛰어나다고 설한다. 또 『대방등대집경(大方等大集經)』에서는 출가인의 허물을 말하는 것은 만억 부처님의 몸에 피를 내는 것보다 더하다고 설한다. 출가인은 모든 하늘과 인간을 위해 열반의 길을 보여주기 때문이라고 한다.

또 보살은 죄과를 말하는 인(因)과 죄과를 말하는 연(緣)과 죄과를 말하는 법과 죄과를 말하는 업을 지어서는 안 된다. 죄과를 말하는 원인은 여러 가지이겠지만, 다른 사람의 과실을 찾아내려는 마음일 것이다. 훌륭한 사람일지라도 과실을 찾아내려고 하면 취할 허물이 있으며, 선(善)을 끊어버린 사람일지라도 그 덕을 찾아내려고 하면 채록할 덕이 있다고 한다. 『열반경』에서는 그 중생에게 찬탄할 만한 어떤 선도 없으면 그가 불성(佛性)을 지녔음을 생각하면서 찬탄한다고 설한다. 또 이 세상에 허물이 없는 사람은 있을 수 없으므로 나 자신에게도 허물이 있다는 사실을 잊지 말아야 한다.

그러므로 보살은 외도의 악한 사람과 이승(二乘)의 악한 사람이 불법에 비추어 볼 때 법이 아닌 것과 율(律)이 아닌 것을 말하는 것을 들어도, 항상 자비로운 마음을 내어 이러한 악한 사람들을 교화하여 대승에 대한 선한 믿음을 내도록 해야 한다. 특히 보살은 누구에게나 '항상 자비로운 마음'을 내어야 한다. 악한 사람을 연민하는 것은 쉽지 않지만, 보살은 그런 사람에게도 자비로운 마음을 내어 교화해야 한다. 그러기 위해서는 불성을 지닌 중생에 대한 무한한 신뢰가 바탕이 되어야 할 것이다.

여섯 번째 중계는 이전에 설사중과계(說四衆過戒)와 설과계(說過戒)로 불렀는데, 태현은 담타과실계(談他過失戒)로 불렀다. 태현이 사부대중〔四衆〕을 다른 이〔他〕로 바꾼 것은 그 대상을 확대한 것으로 볼 수 있다. 다시 말해 보살은 사부대중뿐만 아니라 다른 사람의 과실을 말하는 일을 하지 말아야 한다는 것이다.

【11】

자기를 칭찬하고 다른 사람을 비방하지 말라

십중계 가운데 제7중계는 자찬훼타계(自讚毁他戒)로, 자기를 칭찬하고 다른 사람을 비방하는 행위를 금지한 것이다. 이 계는 불교뿐만 아니라 다른 종교 및 성인들의 가르침에서 강조하는 것이다. 동아시아에서 불교와 함께 큰 영향을 미쳤던 유교에서 중시하는 『논어(論語)』의 「위령공편(衛靈公篇)」에도 비슷한 내용이 나온다. 자공(子貢)이 "한 말씀으로써 종신토록 행할 만한 것이 있습니까?"라고 묻자, 공자는 "그것은 서(恕)일 것이니, 자신이 하고자 하지 않는 것을 다른 사람에게 베풀지 말라."라고 대답한다. 이 계와 연관시킨다면, 다른 사람이 나를 비방하는 것이 싫으면 나 역시 다른 사람을 비방해서는 안 된다. 모든 중생을 이롭게 해야 하는 보살이 다른 사람이 싫어하는 일을 한다면 대승을 잃어버리고 무너뜨리는 것이다.

보살은 입으로 자기를 찬탄하고 다른 사람을 비방하거나, 또

한 다른 사람으로 하여금 자기를 찬탄하고 다른 사람을 비방하게 해서는 안 된다.

법장은 제6중계가 다른 사람의 단순한 과실이라면 제7중계는 다른 사람을 헐뜯고 비방하는 것이라고 주석한다. 자신을 찬탄하기만 하거나 다른 사람을 비방하기만 하면 경죄(輕罪)이지만, 자기를 찬탄하고 다른 사람을 비방하면 중죄(重罪)이다. 다시 말해 반드시 찬탄함과 비방함이 있어야만 비로소 중죄를 범한 것이 된다.

또 보살은 다른 사람을 비방하는 인(因)과 다른 사람을 비방하는 업과 다른 사람을 비방하는 법과 다른 사람을 비방하는 연(緣)을 지어서는 안 된다. 원효는 다른 사람을 비방하는 원인을 자신의 이익 때문이라고 주석한다. 이런 까닭에 그는 이 계를 위리찬훼계(爲利讚毁戒)로 부르면서 두 가지 경우에 중죄가 된다고 한다. 첫 번째는 5전(錢) 이상의 이익을 위해 다른 사람을 헐뜯고 자신을 칭찬하는 것이며, 두 번째는 5전(錢) 이상의 이익을 만들기 위해 여러 가지 나쁜 꾀를 써서 다른 사람의 허물을 들추어내어 다른 사람을 헐뜯고 자신을 칭찬하는 것이다. 특히 두 번째 경우는 제6중계와 제7중계를 이중으로 범한 중죄라고 한다. 태현은 제6중계와 제7중계는 상황에 따라 거짓말, 이간하는 말, 꾸미는 말, 욕설 등의 네 가지 과실을 모두 범할 수 있는 것이라고 주석한다.

그러므로 보살은 모든 중생을 대신하여 헐뜯음과 욕됨을 받아 나쁜 일은 자신에게 돌리고 좋은 일을 다른 사람에게 주어야 한다. 또 보살은 스스로 자기의 덕을 드러내고 다른 사람의 좋은 일을 숨기며 다른 사람으로 하여금 헐뜯음을 당하도록 내버려 두어서는 안 된다. 보살의 본원(本願)은 다른 사람을 이롭게 하는 것에 마음을 기울이는 것인데,

좋은 것은 자신의 것으로 끌어들이고 악한 것은 남에게 미루면 대승의 정신을 잃고 무너뜨리는 것이다.

의적은 어떤 사람이 도리에 벗어나게 보살을 비방할 때, 어떻게 대처해야 하는지를 설한다. 보살은 '과녁이 있으면 화살이 과녁을 맞히겠지만, 과녁이 없으면 과녁을 맞히는 일도 없다. 내 몸이 있음으로 말미암아 중생으로 하여금 나쁜 일을 일으키게 하였으니, 내 몸이 없었다면 말미암아 일어날 것도 없었을 것이다. 나쁜 일이 일어난 것은 나로 말미암은 것이니, 나쁜 것은 나에게 있다'라고 생각한다. 이렇게 나쁜 일을 자신에게 돌리고서 좋은 일은 다른 사람에게 준다. 보살은 '나를 비방하는 사람으로 말미암아 계를 닦아서 나쁜 일을 방지하게 되었으니, 비방하는 사람이 없었다면 나의 선이 무엇을 인연으로 하여 생겨날 수 있겠는가'라고 생각한다. 즉 보살은 자신을 비방하는 사람을 탓하기보다 자신이 비방을 참지 못할 것을 염려한다.

그런데 자기를 찬탄하고 다른 사람을 비방해도 중죄가 되지 않는 경우가 있다. 상대방의 그릇된 견해를 없애기 위한 것이거나, 상대방의 신심을 일으키게 하기 위한 경우이다. 보살이 선한 목적을 가졌다면 이런 행위가 허용되기도 한 것이다. 그렇지만 이런 경우는 드물고 대개 자신의 이양과 공경을 탐내어 구하려고 자신을 높이고 다른 사람을 낮춘다. 그러므로 보살은 자신을 찬탄하고 다른 사람을 비방하는 일을 해서는 안 된다.

【12】

재물과 법을 아까워하고 헐뜯고 욕하지 말라

십중계 가운데 제8중계는 간생훼욕계(慳生毁辱戒)로, 간탐(慳貪), 즉 인색하고 탐욕스러운 행위를 금지한 것이다. 대승 보살은 중생을 제도하기 위해 끝없이 윤회하는 몸에 머물겠다고 서원한 존재이다. 보살은 자신의 몸도 아끼지 않는데, 다른 것을 아끼겠는가. 무언가를 아끼는 마음은 한없이 베풀어야 하는 보시와는 거리가 멀다. 이런 까닭에 인색함은 보시의 덕을 이루는 것에 장애가 되고, 온갖 행을 파괴함이 심하며, 의식에 깊이 머물러 여섯 가지 바라밀의 행을 훼손한다.

보살은 스스로 간탐하거나, 다른 사람으로 하여금 간탐하게 해서는 안 되며, 간탐함의 인(因)과 간탐함의 연(緣)과 간탐함의 법과 간탐함의 업을 지어서는 안 된다.

간탐의 원인은 자신의 소유물을 지나치게 탐착하는 데 있다. 자신에게 필요 없는 물건이라도 다른 사람에게 선뜻 주지 못하는데, 애착하는 물건이라면 어떻게 쉽게 내어줄 수 있겠는가. 어떤 대상에 대한 탐착은 그것을 지키려는 마음으로 인해 비방과 욕설로 이어지기도 한다. 그 대상이 무엇이든 간에 보살은 대비(大悲)에 어긋나는 탐욕을 경계해야만 한다.

보살은 모든 가난한 사람들이 와서 구걸하는 것을 보면 자신의 앞에 선 사람이 필요로 하는 모든 것을 베풀어주어야 한다. 『유가론』에서는 보살이 재물을 베풀어주어야 할 대상과 베풀어주지 말아야 할 대상을 구분한다. 보살은 후세에 뛰어난 이익을 얻을 수 있는 이에게 베풀어주어야 한다. 반면에 구걸하는 이에게 이익되지 않는다면 설령 현세의 안락함이 있다고 하더라도 베풀어주지 말아야 한다. 잠깐의 안락함을 위해 수시로 구걸하는 이에게 베풀어준다면 그에게 교만함과 방일함과 악행을 많이 행하게 하여 결국 악취(惡趣)에 떨어지게 하기 때문이다. 이처럼 보살은 무조건 베푸는 것이 아니라 중생에게 이익이 되어야만 베푸는 것이다.

보살은 악한 마음과 분노하는 마음으로 돈 한 푼이나 바늘 한 개나 풀 한 포기에 이르기까지도 베풀지 않아서는 안 된다. 처음 발심한 보살이라면 몸과 목숨과 재물에 대해서 항상 버리려는 생각을 짓겠지만, 그것을 실천하기까지는 상당한 시간이 필요하다. 만약 보살이 감당할 수 없는 것을 상대방이 요구한다면, 그는 악한 마음과 분노하는 마음에 사로잡혀 아무것도 베풀어줄 수 없게 된다. 이런 경우 보살은 자기 마음속에 탐하고 아까워함이 있는지 살펴야 하며, 상대방을 가엾게 여기는 마음을 가져야만 한다. 그렇게 해도 선뜻 내어줄 수 없다면 보살은

"아직 선근(善根)이 성숙하지 않았기에, 나중에 드리겠습니다."라고 솔직히 말해야 한다. 누구에게나 무엇이든 억지로 베풀기보다 기꺼이 베풀어야 복이 되지 않겠는가.

보살은 법을 구하는 이에게 한 구절, 한 게송, 한 티끌만큼의 법도 설해주지 않으면서 도리어 꾸짖고 모욕을 주어서는 안 된다. 한 구절의 법으로도 고통의 수레바퀴에서 벗어날 수 있으므로 법의 보시는 재물의 보시보다 뛰어나다고 한다. 이런 까닭에 법을 베풀지 않은 것과 재물을 베풀지 않은 것은 그 과보(果報)가 다르다. 법을 베푸는 데 인색하면 어리석어 사리 분별을 하지 못하게 되어 불도(佛道)를 성취하는 것을 장애한다. 그러나 상대방이 법을 구하려는 목적이 불순하거나, 뛰어난 지혜를 추구하지 않으면 법을 베풀어주지 않아도 된다.

여덟 번째 중계는 이전에 간석가훼계(慳惜加毁戒)와 고간계(故慳戒)라고 불렀다. 지의와 원효·의적 등은 이 계의 핵심을 간탐(慳貪)과 훼욕(毁辱)으로 파악했는데, 아끼는 마음으로 인해 헐뜯고 욕한다고 보았기 때문이다. 이에 대해 법장은 재물과 법에 인색하여 구해야 하는 바를 제도(濟度)하지 않는다고 여겨 고간(故慳)으로 이름 붙였다. 그는 이미 얻은 재물에 대해 아끼고 탐하여 재물을 베풀지 않고 쌓아둘 때의 허물을 지적한 것이다. 태현은 간생훼욕계(慳生毁辱戒)로 불렀는데, 간탐(慳貪)으로 인해 훼욕(毁辱)이 생겨남에 착안한 것으로 보인다. 보살은 재물과 법을 아까워하고 헐뜯고 욕하는 일을 하지 말아야 한다.

【13】

분노하면서 다른 사람의 사과를 물리치지 말라

십중계 가운데 제9중계는 진불수사계(瞋不受謝戒)로, 분노하는 행위를 금지한 것이다. 이 계는 삼독심(三毒心) 가운데 진심(瞋心), 즉 화내는 마음에 대한 것이다. 누군가에 대한 분노는 선하지 못한 행위로 이어지게 되고, 반드시 고통의 과보를 초래하게 된다. 특히 보살은 중생을 가엾게 여겨 그들을 생사윤회에서 제도할 것을 서원했으므로 대비(大悲)를 장애하는 분노를 일으켜서는 안 된다. 『화엄경』에서는 "어떤 악법(惡法)이라도 보살이 한 번 화내는 마음을 넘어서는 것을 보지 못했다."라고 설한다. 만약 보살이 중생을 증오하고 질투하여 자신과 다른 사람을 이롭게 하는 행을 실천할 수 없다면, 이는 보살이 짓지 말아야 할 것을 지은 것이다.

보살은 스스로 분노하거나 다른 사람으로 하여금 분노하게 해서는 안 되며, 분노의 인(因)과 분노의 연(緣)과 분노의 법과 분노의 업을 지어서는 안 된다.

법장은 열 가지 일로 인하여 분노한다고 주석한다.

①자신의 견해와 어긋난 경우, ②자신의 정욕(情慾)과 어긋난 경우, ③자신의 명리(名利)를 침범한 경우, ④자신의 권속(眷屬)을 다치게 한 경우, ⑤허물 없이 욕을 먹는 경우, ⑥남의 착각으로 타박(打撲)을 당한 경우, ⑦칼로 뼈마디를 가른 경우, ⑧그 목숨을 끊으려고 한 경우, ⑨그 부모를 해친 경우, ⑩삼보를 훼손해서 없앤 경우이다. 분노하는 원인이 자신에게 있는 경우에는 그 죄가 무거우며, 다른 것에 있는 경우에는 그 죄가 가볍다.

보살은 모든 중생의 마음속에 깃들어 있는 선근과 다툼이 없는 일을 낳게 하고 항상 자비로운 마음을 내야 한다. 보살은 다른 사람에게 권하여 분노가 없는 선근을 내도록 해야 하며, 자신도 항상 대비심을 내야 한다. 만약 악한 사람을 마주하게 되면 보살은 세 가지 생각을 내야 한다. ①그 사람은 심성이 본래 청정한데 무명(無明)의 술에 취하고 번뇌의 귀신이 달라붙어서 부득이하게 이런 일을 한 것뿐이라고 생각한다. ②보살의 본래 서원을 상기하면서 '생사의 큰 고통에 대해서도 두려움을 일으키지 않아야 하거늘, 하물며 이러한 작은 고통을 참고 받아들이지 않을 수 있겠는가'라고 생각한다. ③상대방의 은혜를 생각하여, '그가 나를 해치면 반드시 그로 말미암아 내가 인욕행(忍辱行)을 이룰 것이니, 그가 곧 내 깨달음의 원인을 이루어 원만해지게 할 것이다. 어찌 은혜를 배반하고 도리어 분노로 해치겠는가'라고 생각한다.

보살은 모든 중생에서 중생이 아닌 것에 이르기까지 추악한 말로 모욕을 주고, 게다가 손으로 때리고 칼과 지팡이를 휘두르면서 분노하는 마음을 여전히 그치지 않고, 앞에 있는 사람이 참회를 받아들일 것을 요청하면서 좋은 말로 참회하고 사죄하여도 여전히 분노하면서 그 마음을 풀지 않아서는 안 된다. 여기서 세 가지 행위, 즉 추악한 말로 모욕을 주는 것, 손으로 때리고 칼과 지팡이를 휘두르는 것, 분노하는 마음은 각각 어업(語業), 신업(身業), 의업(意業)에 해당한다. 비록 세 가지 업을 갖추었지만, 어업과 신업은 의업에 의한 것이므로 의지의 죄가 된다. 분노하는 마음으로 인해 추악한 말을 하고, 손으로 때리고, 끝내 사과를 받아들이지 않는 상황이 『유가론』에도 나온다.

아홉 번째 중계는 이전에 진심불수회계(瞋心不受悔戒)와 고진계(故瞋戒)라고 불렀다. 특히 법장은 고의로 화내는 것을 경계했으며, 보살은 어떤 경우에라도 화를 내서는 안 된다고 강조한다. 이에 대해 태현은 지의와 마찬가지로 화내는 마음으로 뉘우침〔悔〕이나 사과〔謝〕를 받아들이지 않아서는 안 된다고 여겨서 진불수사계(瞋不受謝戒)로 부른 것으로 보인다. 보살은 분노하면서 다른 사람이 사과하는 것을 받아들이지 않는 일을 하지 말아야 한다.

【14】

삼보를 헐뜯고 비방하지 말라

십중계 가운데 제10중계는 훼방삼보계(毁謗三寶戒)로, 삼보를 비방하는 행위를 금지한 것이다. 삼보, 즉 불보(佛寶)·법보(法寶)·승보(僧寶)가 없다면 중생은 생사윤회의 세계인 차안(此岸)에서 열반의 세계인 피안(彼岸)에 도달할 수 없을 것이다. 이런 까닭에 삼보는 그릇된 것에서 벗어나는 큰 나루터이고, 바른 것으로 들어가는 중요한 문이다. 이것에 수순하는 이는 반드시 열반을 증득할 것이지만, 이것을 등지는 이는 고통의 바다에서 허우적거리다가 끝내 침몰할 것이다.

보살은 스스로 삼보를 비방하거나, 다른 사람으로 하여금 삼보를 비방하게 해서는 안 되며, 비방의 인(因)과 비방의 연(緣)과 비방의 법과 비방의 업을 지어서는 안 된다.

법장은 삼보를 비방해서는 안 되는 이유를 열 가지로 제시한다.

①업도(業道)가 무거운 것이 이보다 더한 것이 없기 때문이며, ②선

근을 소멸시켜 모두 남음이 없게 하기 때문이며, ③은덕을 배반하는 것이 모든 악행 가운데 가장 나쁘기 때문이며, ④신심을 파괴하고 법안(法眼)을 없애기 때문이며, ⑤크고 작은 선행(善行)을 이루지 못하기 때문이며, ⑥외도와 그릇된 견해의 그물에 들어가기 때문이며, ⑦그릇된 사견을 가진 이가 되어 선근을 끊기 때문이며, ⑧모든 중생을 악지식(惡知識)으로 만들기 때문이며, ⑨삼보의 종자를 끊는 것이 이 그릇된 견해를 말미암기 때문이며, ⑩자신과 다른 사람으로 하여금 아비지옥의 업을 이루게 하기 때문이다.

보살은 외도와 악한 사람이 한 마디라도 부처님을 비방하는 음성을 내는 것을 보면 300개의 창으로 심장을 찔린 것처럼 여겨야 한다. 어떤 이는 이 구절을 의아하게 여기는데, 『화엄경)』에서는 "보살은 부처님을 찬탄하거나, 부처님을 비방하는 말을 듣더라도 부처님 법에서 마음이 안정되어 흔들리지 않는다."라고 설하기 때문이다. 여기에 대해 법장은 중생을 네 부류로 나누어서 설명한다.

①부처님을 비방하는 말을 들으면 즐거워하는 이는 그릇된 견해를 가진 사람이기 때문이며, ②즐거움도 없고 근심도 없는 이는 믿음이 없는 사람이기 때문이며, ③듣고 나서 슬퍼하는 이는 초심(初心) 제자이기 때문이며, ④듣고 나서 근심도 없고 즐거움도 없는 이는 불퇴전(不退轉)의 보살이기 때문이다.

이에 대해 태현은 『유가론』의 구절을 인용하여 보살의 고통과 즐거움에 대해 설한다. 보살은 중생의 손상과 괴로움을 자신의 고통으로 여기며, 중생의 풍요와 이익을 자신의 즐거움으로 삼는다고 한다. 법을 비방하는 것보다 더한 중생의 손상과 괴로움이 없으므로 보살은 창으로 심장을 찔린 것처럼 여긴다는 것이다.

보살은 입으로 스스로 비방하면서 믿는 마음과 효순하는 마음을 내지 않고, 도리어 다시 악한 사람과 그릇된 견해를 지닌 사람을 도와 비방해서는 안 된다. 『유가론』에도 보살이 보살장(菩薩藏)을 비방하고 정법(正法)과 유사한 법을 건립하는 것을 좋아하며, 그 법을 스스로 믿고 이해하거나 다른 사람을 따라서 굴려서는 안 된다고 설한다. 의적은 그릇된 견해에 두 가지가 있다고 주석한다. 첫째는 손감(損減)의 그릇된 견해로, 실제 있는 것을 폐기하는 것이다. 여기에는 일체의 인과법을 통틀어 폐기하는 것〔全分〕과 일부를 비방하는 것〔一分〕이 있다. 둘째는 증익(增益)의 그릇된 견해로, 실제 없는 것을 세우는 것이다. 태현은 일체의 인과를 비방하여 폐기하면 설령 나머지를 비방하지 않았더라도 대승을 비방한 것이어서 중죄를 범한다고 주석한다.

열 번째 중계는 대체로 방삼보계(謗三寶戒)라고 불렀으며, 삼보를 비방하는 것은 불교의 근간을 흔드는 것이다. 법장은 "수승한 덕은 진귀한 까닭에 삼보라고 부르며, 이치가 아닌 것으로 더럽히고 욕되게 하는 것을 방(謗)이라고 한다."라고 주석한다. 태현은 그 의미를 더욱 강조하기 위해 훼방삼보계(毁謗三寶戒)로 부른 것으로 보인다. 보살은 삼보를 헐뜯고 비방하는 일을 하지 말아야 한다.

【15】

사십팔경계, 마흔여덟 가지 경계輕戒

범망보살계에서 경계(輕戒)는 중계(重戒)와 구별하기 위해 붙여진 이름으로 경구계(輕垢戒)라고도 한다. 즉 본질은 무거운 허물이 아니기에 '경(輕)'이라고 하며, 청정한 행을 더럽히기에 '구(垢)'라고 한다. 경계라는 용어는 산스크리트어 두쉬크리타(duṣkṛta)에서 유래한 것인데, 한역(漢譯)되는 과정에서 음역(音譯) 또는 의역(意譯)되면서 다양한 명칭이 생겨난 것이다. 『보살지지경(菩薩地持經)』과 『우바새오계위의경(優婆塞五戒威儀經)』에서는 돌길라(突吉羅), 『유가론』에서는 악작(惡作), 『우바새계경(優婆塞戒經)』과 『보살선계경(菩薩善戒經)』에서는 실의죄(失意罪) 등으로 불린다.

경계는 경론에 따라 그 숫자가 다른데, 『우바새계경』에서는 스물여덟 가지, 『우바새오계위의경』에서는 서른여덟 가지, 『보살내계경(菩薩內戒經)』과 『보살지지경』에서는 마흔두 가지, 『유가론』에서는 마흔세 가지, 『보살선계경』에서는 쉰 가지 등이다. 그 내용도 『보살지지경』·

『보살선계경』·『유가론』 등에서 설한 것은 대체로 일치하지만, 나머지는 그렇지 않다. 『범망경』에서는 서로 같고 다른 내용의 경계를 마흔여덟 가지로 정리해 사십팔경계(四十八輕戒)로 한 것으로 보인다.

그렇다면 열 가지 중계만으로도 충분할 것 같은데, 무슨 이유로 마흔여덟 가지 경계가 제정된 것일까. 이런 의문에 대해 법장은 여섯 가지 대답을 제시한다.

①세간의 사람들이 비난을 일으키는 것을 막기 위한 까닭이며, ②보살의 출세도(出世道)를 밝게 드러내기 위한 까닭이며, ③미세한 번뇌를 모두 끊게 하기 위한 까닭이며, ④삼업(三業)을 조복하고 삼독(三毒)을 제어하기 위한 까닭이며, ⑤십중대계(十重大戒)를 방편으로 멀리서 보호하기 위한 까닭이며, ⑥보살의 삼취정계(三聚淨戒)를 증장시키기 위한 까닭이다.

이미 다섯 번째에서 밝혔듯이, 가장 큰 이유는 열 가지 중계를 범하지 않게 하려는 것이다. 작은 잘못이라도 그것을 아무렇지 않게 여겨 반복하게 되면 큰 잘못을 저지르게 되는 것이다. 그러므로 사소한 잘못이라도 그것이 어떤 의지에 따라 이루어진 것인지, 번뇌에 염오(染汚)된 것인지 등을 살펴야 한다. 이렇게 자신의 잘못을 되돌아보고서 반성한다면 큰 잘못을 저지르지 않게 될 것이다. 따라서 경계는 중계를 미리 방지하는 역할을 한다고 볼 수 있다.

『범망경』에서는 마흔여덟 가지 경계를 설하지만, 각 조목에 이름이 설정되어 있지 않다. 이로 인해 주석서마다 계명(戒名)이 조금씩 다른데, 주석자가 해당 계의 본질을 어떻게 파악했는지에 따라 계의 이름도 달라지는 것이다. 가장 많이 알려진 계명은 지의의 『보살계의소(菩薩戒

義疏)』에 나온 것이며, 법장도 이것을 참조해서 보살계를 해석한다. 그렇지만 태현은 마흔여덟 가지 경계의 각 조목을 대체로 서너 글자로 정리해서 간결하게 계명을 붙인다. 또 마흔여덟 가지 경계를 다섯 부류(열 가지 경계, 열 가지 경계, 열 가지 경계, 아홉 가지 경계, 아홉 가지 경계)로 나누어 주석한다. 아울러 마흔여덟 가지 경계는 낱낱이 모두 삼취계(三聚戒)의 뜻을 갖추고 있다고 한다. 다시 말해 각 조목에는 섭율의계(攝律儀戒), 섭선법계(攝善法戒), 요익중생계(饒益衆生戒)의 뜻이 내포되어 있다는 것이다. 그러므로 경계라고 해서 가볍게 여겨서는 안 될 것이다.

【16】

자신의 심념과 다른 사람의 심행을 수호하는 열 가지 경계

태현은 마흔여덟 가지 경계 가운데 첫 번째 열 가지 경계를 네 문으로 구분한다. 제1경계와 제2경계는 자신의 심념(心念)을 수호하는 문이다. 그 이유는 교만함이 일어나는 곳에서 경멸함과 교만함을 제지하기 때문이며, 방일함이 일어나는 곳에서 음주의 허물을 끊기 때문이다. 제3경계와 제4경계와 제5경계는 다른 사람의 심행(心行)을 수호하는 문이다. 제6경계와 제7경계와 제8경계는 불법(佛法)을 우러러 닦는 문이다. 제9경계와 제10경계는 중생을 구호하는 문이다. 이 열 가지 경계를 지킴으로써 자신의 심념과 다른 사람의 심행을 수호하고, 불법을 우러러 닦고, 중생을 구호할 수 있다.

제1경계는 스승과 어른을 공경하지 않는 일을 금지한 것이다. 보살은 국왕의 지위, 전륜왕의 지위, 관료가 되어 일정한 직위를 받으려고 할 적에 먼저 보살계를 받아야 한다. 그래야만 모든 귀신이 그들의 몸을 구호(救護)하고 모든 부처님께서 기뻐하신다고 한다. 이미 계를 받고 나서는 효순(孝順)하는 마음과 공경하는 마음을 가지고서 상좌와 화상과 아사리나 배움·견해·실천을 함께하는 이 가운데 나이가 자신보다 많은 이를 보면 일어나서 맞이하고 예배드리면서 안부를 물어야 한다. 그런데 보살이 거만한 마음과 오만한 마음과 어리석은 마음을 내어 일어나 반갑게 맞이하여 예배하지 않고, 낱낱이 법대로 공양하지 않아서는 안 된다. 이 계를 지의는 불경사우계(不敬師友戒)로 불렀지만, 법장은 경만사장계(輕慢師長戒)로, 태현은 불경사장계(不敬師長戒)로 불렀다. 이외에 경사존장계(敬事尊長戒), 부득경만사장계(不得輕慢師長戒) 등이라고도 한다.

제2경계는 술을 마시는 일을 금지한 것이다. 보살은 고의로 술을 마시고 술에 의해 한량없는 과실을 일으켜서는 안 된다. 모든 사람으로 하여금 술을 마시지 않게 하고, 모든 중생으로 하여금 술을 마시지 않게 해야 하고, 스스로 술을 마시는 일을 해서는 안 된다. 음주는 사람을 방일(放逸)하게 하고, 한량없는 과실을 범하기 쉬우므로 금지한 것이다. 이 계는 음주계(飮酒戒)라고 불리며, 불음주계(不飮酒戒)나 부득음주계(不得飮酒戒) 등으로 불리기도 한다.

제3경계는 고기를 먹는 일을 금지한 것이다. 보살은 고의로 어떤 고기든 먹어서는 안 되는데, 대자비(大慈悲)라는 불성(佛性)의 종자(種子)가 끊어지게 하는 것이다. 보살은 이치상 자신의 살을 버려서라도 중생의 생명을 구해야 하는데, 그들을 먹음으로써 반드시 살생하는 결과에 이르기 때문이다. 이 계는 식육계(食肉戒)라고 불리며, 불식육계(不食肉戒)나 부득식육계(不得食肉戒) 등으로 불리기도 한다.

제4경계는 오신채(五辛菜)를 먹는 일을 금지한 것이다. 보살은 다섯 가지 매운 채소인 마늘, 부추, 파, 달래, 흥거(興渠) 등을 먹어서는 안 된다. 다섯 가지 매운 채소는 풀이지만 냄새가 좋지 않아서 친근히 하기 어려워 착한 사람이 피하는 대상이라고 한다. 이 채소들은 자신이 중병이 걸렸을 때와 이익이 있을 때를 제외한 나머지 경우에는 먹을 수 없다. 이 계는 식오신계(食五辛戒)라고 불리며, 불식오신계(不食五辛戒), 부득식오신계(不得食五辛戒), 오신계(五辛戒) 등으로 불리기도 한다.

제5경계는 잘못을 공개적으로 거론하여 참회하게 하지 않는 일을 금지한 것이다. 보살은 어떤 중생이든 팔계를 범하거나, 오계를 범하거나, 십계를 범하거나, 금계(禁戒)를 훼손하거나, 칠역죄(七逆罪)를 짓거나, 팔난(八難)의 과보를 얻을 행위를 짓거나 하면서 온갖 계를 범하여 짓는 것을 보면 참회하도록 가르쳐야 한다. 보살은 그 죄를 공개적으로 거론하고 가르쳐서 허물을 참회하게 해야 한다. 지의는 이 계를 불교회죄계(不教悔罪戒)로 불렀지만, 법장과 태현은 불거교참계(不擧教懺戒)로 불렀다. 이외에 거죄교참계(擧罪教懺戒), 불교회계(不教悔戒), 부득불교회죄(不得不教悔罪) 등이라고도 한다.

제6경계는 처소에 머물면서 설법을 요청하지 않는 일을 금지한 것이다. 보살은 대승의 법사로서 대승의 가르침 속에서 배움·견해·실천을 함께하는 이가, 승방(僧坊)이나 사택(舍宅)이나 성읍(城邑)으로 와서 들어오는 것을 보면, 백 리 길을 온 분이거나 천 리 길을 온 분이거나 바로 일어나서 오는 것을 맞이하고 가는 것을 배웅해야 한다. 예배드리고 공양하면서 날마다 세 때에 공양하되, 하루에 금 세 냥에 해당하는 음식으로 온갖 종류의 맛있는 음식을 만들어 드리고, 평상과 의약품으로 법사에게 공양하는 것에 힘쓰며, 필요로 하는 모든 것을 다 공급해야 한다. 항상 법사에게 하루 세 때에 설법해주기를 요청하고, 날마다 세 때에 예배하면서 분노하는 마음이나 근심하고 괴로워하는 마음을 내지 말아야 한다. 법을 위해서는 몸을 소멸시키는 일도 해야 할 것인데, 법을 요청하기를 게을리해서는 안 된다. 법은 지혜를 낳고 열반을 증득하게 하는 것이기 때문이다. 이 계를 지의는 불공급청법계(不供給請法戒)로 불렀지만, 법장은 불경청법계(不敬請法戒)로, 태현은 주불청법계(住不請法戒)로 불렀다. 이외에 불교청법계(不教請法戒), 공사청법계(供師請法戒), 불공급급불청법계(不供給及不請法戒), 부득불공급청법계(不得不供給請法戒) 등이라고도 한다.

제7경계는 설법하는 곳을 찾아가서 배우지 않는 일을 금지한 것이다. 어느 곳이든지 비니(毗尼)를 설한 경율(經律)을 강의하는 곳이 있거나, 큰 주택 가운데 법을 강의하는 곳이 있으면, 처음 발심하여 배움을 시작한 보살은 경서(經書)와 율서(律書)를 지니고 법사의 처소에 가서 듣고 받아들이며 자문해야 한다. 숲속 나무 밑이든, 승지(僧地)의 방이든, 일체의 설법처(說法處)에 가서 듣고 받아들여야 한다. 온갖 행은 하나의 문으로 귀입(歸入)하는데, 바로 뜻을 얻는 것이라고 한다. 뜻을 얻어서 행하면 옳지 않은 것이 없기 때문이다. 이 계를 지의는 해태불청법계(懈怠不聽法戒)라고 불렀지만, 법장은 불청경율계(不聽經律戒)로, 태현은 불능유학계(不能遊學戒)로 불렀다. 이외에 청법자수계(聽法諮受戒), 불청법계(不聽法戒), 부득해태불청법계(不得懈怠不聽法戒) 등이라고도 한다.

제8경계는 바른 가르침을 등지고 그릇된 가르침을 향하는 일을 금지한 것이다. 보살은 마음으로 대승의 상주하는 이치를 담은 경율을 등지고, 부처님의 교설이 아니라고 하면서 이승성문(二乘聲聞)과 외도의 악견(惡見)으로 인해 시설된 일체의 금계(禁戒)와 그릇된 견해를 담은 경율을 수지해서는 안 된다. 대승을 버리고 소승을 향하는 것은 보살도(菩薩道)에 역행하는 것이라고 한다. 이 계는 제10중계인 훼방삼보계와 달리 대승의 가르침 전부를 등지는 것이 아니라 대승 가운데 일부의 가르침을 등지는 것이기 때문에 경계이다. 이 계를 지의는 배대향소계(背大向小戒)로 불렀지만, 법장과 태현은 배정향사계(背正向邪戒)로 불렀다. 이외에 불배대승계(不背大乘戒), 부득배대향소계(不得背大向小戒) 등이라고도 한다.

제9경계는 병으로 고통받는 이들을 보살피지 않는 일을 금지한 것이다. 보살은 모든 병에 걸린 사람을 보면 공양하기를 부처님과 다름없이 해야 한다. 부모와 사승(師僧)과 제자가 병이 들어 온갖 감각기관이 온전하지 못하고 온갖 병으로 고통을 받으면 모두 공양하여 병이 낫도록 해주어야 한다. 보살로서 분노하고 원망하는 마음을 가지고, 승방이나 성읍·광야·산림·도로에 이르기까지 병든 이를 보고도 구제하지 않으면 안 된다. 보살은 대비심으로 중생의 고통을 뽑아내야 하는데, 병든 이를 구제하지 않으면 힐난의 대상이 될 것이다. 병든 이를 돌보는 것은 곧 목숨을 보시하는 것이기 때문이라고 한다. 이 계를 지의는 불간병계(不看病戒)라고 불렀지만, 법장과 태현은 불첨병고계(不瞻病苦戒)로 불렀다. 이외에 첨급병인계(瞻給病人戒), 부득불간병계(不得不看病戒) 등이라고도 한다.

제10경계는 살아 있는 것을 죽이는 데 쓰이는 도구를 비축하는 일을 금지한 것이다. 보살이 비축하지 말아야 할 것은 칼, 지팡이, 활, 화살, 창, 도끼, 싸움에 쓰는 도구와 나쁜 용도로 쓰는 그물과 살생의 용도로 쓰이는 용기이다. 보살은 유정(有情)에게 이익이 되는 물건을 모아야 할 것인데, 살생하는 도구를 비축하면 가엾게 여겨 제도하는 것에 어긋난다. 이 계를 지의는 축살중생구계(畜殺衆生具戒)로 불렀지만, 법장은 축제살구계(畜諸殺具戒)로, 태현은 축살생구계(畜殺生具戒)로 불렀다. 이외에 불축살구계(不畜殺具戒), 부득축제살구계(不得畜諸殺具戒) 등이라고도 한다.

【17】

자신의 선을 보호하고 다른 사람을 섭수하는 열 가지 경계

태현은 마흔여덟 가지 경계 가운데 두 번째 열 가지 경계를 두 문으로 나눈다. 제11경계부터 제14경계까지는 자신의 선(善)을 보호하는 문이다. 제15경계부터 제20경계까지는 다른 사람을 보호하고 섭수하는 문이다. 그러므로 이 열 가지 경계를 지킴으로써 자신의 선을 보호하고, 다른 사람을 보호하고 섭수할 수 있다.

제11경계는 국사가 되어 두 나라의 명령을 전달하는 일을 금지한 것이다. 보살은 이양을 위해서거나 나쁜 마음으로 국사가 되어 두 나라의 명령을 전하는 일을 하면서, 군대의 진영을 설치하여 두 나라의 군대가 만나게 하고, 대중을 선동하여 서로 싸우도록 하여 한량없는 중생을 죽이는 일이 일어나게 해서는 안 된다. 보살은 이치상 모든 어긋남과 싸움을 화해시켜야 하는데, 국사가 되어 두 나라의 명령을 전하는 일을 하면서 서로 살해하게 하면 보살도에 어긋난다. 이 계를 지의는 국사계(國使戒)라고 불렀지만, 법장은 통국입군계(通國入軍戒)로, 태현은 통국사명계(通國邪命戒)로 불렀다. 이외에 불통국사계(不通國使戒), 부득고작국적계(不得故作國賊戒) 등이라고도 한다.

제12경계는 남을 괴롭히면서 판매하는 일을 금지한 것이다. 보살은 고의로 양인(良人), 노비, 육축(六畜)을 판매하며, 시장에서 관재(棺材), 판목(板木), 주검을 담는 도구를 교역해서는 안 된다. 살아 있는 생명을 판매하는 것은 다른 사람과 이별하는 것을 자신의 즐거움으로 삼는 것이고, 시장에서 관재를 교역하는 것은 반드시 사람의 죽음을 구하는 것이다. 그러므로 보살은 하천한 방법으로 생계를 유지해서는 안 된다. 이 계를 지의는 판매계(販賣戒)라고 불렀지만, 법장은 상자판매계(傷慈販賣戒)로, 태현은 뇌타판매계(惱他販賣戒)로 불렀다. 이외에 불악판매계(不惡販賣戒), 부득작판매계(不得作販賣戒) 등이라고도 한다.

제13경계는 근거도 없이 비방하는 일을 금지한 것이다. 보살은 악한 마음 때문에 근거도 없으면서 다른 양인(良人)과 착한 사람과 법사와 은사 스님과 국왕과 귀한 사람을 비방하여 칠역죄와 십중계를 범해서는 안 된다. 현명한 사람과 착한 사람을 업신여기고 적대시하는 것은 부끄러움이 없는 것이니, 일체의 악법(惡法)이 여기에서 생겨난다고 한다. 보살이 부처님의 종자를 이어받아 융성하게 함에 있어서 이런 행동은 적절하지 않은 것이다. 이 계를 지의는 방훼계(謗毁戒)라고 불렀지만, 법장은 무근방인계(無根謗人戒)로, 태현은 무근방훼계(無根謗毁戒)로 불렀다. 이외에 불훼양선계(不毁良善戒), 부득무근방훼계(不得無根謗毁戒) 등이라고도 한다.

제14경계는 불을 질러서 살아 있는 것을 손상시키는 일을 금지한 것이다. 보살은 나쁜 마음으로 큰불을 질러서 산림과 광야를 태워서는 안 되며, 특히 4월에서 9월 사이에 불을 질러서는 안 된다. 또 다른 사람의 집과 성읍과 승방과 밭과 나무, 그리고 귀신의 소유물과 나라의 재산 등과 같은 일체의 주인이 있는 물건을 태워서는 안 된다. 가리지 않고 살생함에 있어서 불을 지르는 것보다 더한 것은 없으므로 보살로서 불을 지른다면 도(道)를 거스름이 심한 것이다. 이 계를 지의는 방화소계(放火燒戒)라고 불렀지만, 법장은 방화손소계(放火損燒戒)로, 태현은 방화손생계(放火損生戒)로 불렀다. 이외에 불첩방화계(不輒放火戒), 방화계(放火戒), 불방화손소계(不放火損燒戒) 등이라고도 한다.

제15경계는 법으로써 교화하고 대승의 종지에 어긋나는 것을 가르치는 일을 금지한 것이다. 보살은 불제자에서부터 외도의 악한 사람과 육친과 모든 선지식에 이르기까지 모든 사람을, 낱낱이 대승의 경전와 율전을 가르쳐 수지하게 하고, 의리(義理)를 이해하도록 가르치며, 보리심을 일으키는 것과 열 가지 발취심과 열 가지 장양심과 열 가지 금강심의 서른 가지 마음에 대해 낱낱이 차례와 법의 작용을 이해하도록 가르쳐야 한다. 보살은 나쁜 마음과 분노하는 마음으로 도리에 어긋나게 이승성문의 경전·율전과 외도의 그릇된 견해를 담은 논서 등을 가르쳐서는 안 된다. 보살은 대승법으로 중생을 교화해야 하며, 소승으로 대승을 장애하면 보살도를 거스르는 것이다. 이 계를 지의는 벽교계(僻教戒)라고 불렀지만, 법장과 태현은 법화위종계(法化違宗戒)로 불렀다. 이외에 불벽교수계(不僻教授戒), 부득사벽교타계(不得邪僻教他戒) 등이라고도 한다.

제16경계는 재물을 탐하고 법을 아끼는 일을 금지한 것이다.

보살은 좋은 마음으로 먼저 대승의 위의(威儀)를 담은 경율을 배워 뜻을 자세히 알아야 한다. 나중에 처음 발심하여 배움을 시작한 보살이 와서 대승을 경율을 구하는 것을 보거든, 법대로 그를 위해 모든 고행에 대해 설해주어야 한다. 그런 후에 낱낱이 차례대로 그들을 위해 정법(正法)을 설해주어 마음이 열리고 뜻을 이해하도록 한다. 보살은 이양을 위하여 답해주어야 할 것에 대해 답해주지 않고 경율을 전도되게 설하며, 문자에 있어서 앞에 두어야 할 것을 없애 뒤로 두고 뒤에 두어야 할 것을 없애 앞에 두며, 삼보를 비방하는 내용을 설하지 말아야 한다. 보살은 먼저 스스로 배워야 하고, 나중에 반드시 다른 사람을 가르쳐야 한다. 재물을 탐하고 법을 아까워하면 곧 부처님의 종자를 끊는 것이어서 보살도를 범하는 것이다. 이 계를 지의는 위리도설계(爲利倒說戒)라고 불렀지만, 법장은 석법규리계(惜法規利戒)로, 태현은 탐재석법계(貪財惜法戒)로 불렀다. 이외에 무도설법계(無倒說法戒), 부득석법규리계 (不得惜法規利戒) 등이라고도 한다.

제17경계는 형세에 의지하여 이치에 맞지 않게 구하는 일을 금지한 것이다. 보살은 스스로 음식·돈과 재물·이양·명예를 얻기 위해 국왕·왕자·대신·백관과 친근하게 지내고, 그들의 형세를 믿고 의탁하면서 줄 것을 요구하고, 때리거나 억지로 끌어당기거나 하는 도리에 어긋나는 방식으로 금전과 재물을 취해서는 안 된다. 이렇게 하는 것은 다른 사람을 괴롭히는 것만 아니라 자신도 수고롭고 피곤하여 결국 자신과 타인의 이익을 장애하는 것이다. 이 계를 지의는 시세걸구계(恃勢乞求戒)라고 불렀지만, 법장은 의관강걸계(依官强乞戒)로, 태현은 의세악구계(依勢惡求戒)로 불렀다. 이외에 불횡걸구계(不橫乞求戒), 악구계(惡求戒), 부득의세걸구계(不得依勢乞求戒) 등이라고도 한다.

제18경계는 거짓으로 스승이 되는 일을 금지한 것이다. 계를 배워서 독송하는 이는 날마다 여섯 때에 보살계를 수지하고 그 의리(義理)를 이해하되, 그 계가 바로 불성의 성품이라는 것을 알아야 한다. 보살이 한 구절, 한 게송 및 계율이 제정된 인연을 알지 못하면서 거짓으로 안다고 말하면, 곧 스스로 속이는 것이고, 다른 사람도 속이는 것이다. 일체 법을 낱낱이 알지 못하면서 다른 사람의 스승이 되어 계를 주어서는 안 된다. 이 계를 지의는 무해작사계(無解作師戒)라고 불렀지만, 법장은 무지위사계(無知爲師戒)로, 태현은 허위작사계(虛僞作師戒)로 불렀다. 이외에 불사작무사계(不詐作無師戒), 무소지위타사계(無所知爲他師戒), 부득무지해작사수계(不得無知解作師授戒) 등이라고도 한다.

제19경계는 양쪽 사람을 싸우게 하는 일을 금지한 것이다. 나쁜 마음으로 인해서 계를 수지한 비구가 손에 향로를 잡고 보살행을 행하는 것을 보고도, 양쪽 사람을 만나면서 서로 싸우게 만들어서 어진 사람을 비방하고 속이면서 어떤 악도 짓지 않음이 없게 해서는 안 된다. 이치상 보살행을 하는 사람을 찬미하여 이 사람과 저 사람이 화합하여 선을 낳도록 해야 한다. 도리어 양쪽 사람을 만나면서 서로 싸우게 만드는 것은 도리에 어긋난다. 이 계를 지의는 양설계(兩說戒)라고 불렀지만, 법장은 투방기현계(鬪謗欺賢戒)로, 태현은 투쟁양두계(鬪爭兩頭戒)로 불렀다. 이외에 불투양두계(不鬪兩頭戒), 이간어계(離間語戒), 부득양설계(不得兩舌戒) 등이라고도 한다.

제20경계는 살아 있는 사람과 죽은 사람을 구하지 않는 일을 금지한 것이다. 보살은 자애로운 마음으로 살아 있는 것을 풀어주는 업을 행하면서 이렇게 생각해야 한다. '모든 남자는 내 아버지이고, 모든 여인은 내 어머니이다. 나는 태어날 때마다 그들에 의지하여 태어나지 않은 적이 없다. 그러므로 육도(六道)의 중생은 모두 내 아버지이고 어머니이니, 죽이고 먹는 것은 내 아버지와 어머니를 죽이는 것이다. 또 나의 옛 몸을 죽이는 것이니, 모든 지대(地大)와 수대(水大)는 나의 이전 생에서의 몸이고, 모든 화대(火大)와 풍대(風大)는 나의 본래 몸이다.' 그러므로 항상 살아 있는 것을 풀어주는 일을 세세생생 행해야 한다. 또 사람들로 하여금 살아 있는 것을 풀어주는 일을 하게 해야 한다. 세상 사람들이 축생을 죽이는 것을 보았을 때 그 축생을 방편으로 구호하여 그가 처한 현재의 고난에서 벗어나게 하고, 죽이는 중생을 항상 교화하고 보살계를 강설하여 중생을 제도해야 한다. 부모와 형제가 죽는 날에 법사를 청하여 보살계경(菩薩戒經)을 강설하도록 하여 죽은 이의 복덕을 도와 여러 부처님을 친견하게 하고 인도(人道)나 천도(天道)에 태어날 수 있도록 해야 한다. 이 계에는 두 가지 뜻이 있다. 하나는 살아 있는 것을 풀어주어서 죽음의 고난에서 구제하는 것이고, 다른 하나는 재강(齋講)을 시설하여 영혼을 돕는 것이다. 이 계를 지의는 불행방구계(不行放救戒)라고 불렀지만, 법장은 불능구생계(不能救生戒)로, 태현은 불구존망계(不救存亡戒)로 불렀다. 이외에 방구보은계(放救報恩戒), 방생계(放生戒), 부득불구중생고계(不得不救衆生苦戒) 등이라고도 한다.

【18】

육화경을 이루는 열 가지 경계

태현은 마흔여덟 가지 경계 가운데 세 번째 열 가지 경계는 육화경(六和敬)을 이룬다고 한다. 육화경은 사화(事和)의 여섯 가지를 가리키는데, 일상사에서 여섯 가지를 함께하는 것이다. ①신화경(身和敬)은 같은 곳에 머물면서 예불 등을 함께 하는 것이며, ②구화경(口和敬)은 찬영(讚詠) 등을 함께 하는 것이며, ③의화경(意和敬)은 신심(信心) 등을 함께하는 것이며, ④계화경(戒和敬)은 계법(戒法)을 함께 닦는 것이며, ⑤견화경(見和敬)은 앎을 함께하는 것이며, ⑥이화경(利和敬)은 옷과 음식 등의 이익을 함께하는 것이다. 제21경계 · 제22경계 · 제23경계는 모두 각각 육화경 가운데 신화경, 구화경, 의화경을 섭수한다. 제24경계는 견화경을 섭수하며, 제25경계부터 제28경계까지는 이화경을 섭수하며, 제29경계와 제30경계는 계화경을 섭수한다고 한다. 그러므로 이 열 가지 경계를 지킴으로써 삼업(三業), 견해, 이익, 계를 함께할 수 있다.

제21경계는 다른 사람을 거스르고 침범하는 것을 참고 감수하지 않는 일을 금지한 것이다. 보살은 분노로써 분노를 갚거나, 때림으로써 때린 것을 갚아서는 안 된다. 부모와 형제 등의 육친(六親)을 죽였다고 해도 보복해서는 안 되고, 국왕이 다른 사람에게 살해를 당했다고 해도 보복해서는 안 된다. 생명을 살해한 것을 생명으로 갚는 것은 효도에 수순하는 것이 아니다. 원한을 원한으로 갚으면 인욕행(忍辱行)에 어긋나며, 보살이 인욕행을 잃으면 대승에서 퇴전(退轉)한 것이기 때문이다. 보살은 분노하지 않는 것을 용맹함으로 삼아야 한다. 이 계를 지의는 진타보구계(瞋打報仇戒)라고 불렀지만, 법장은 무자인수원계(無慈忍酬怨戒)로, 태현은 불인위범계(不忍違犯戒)로 불렀다. 이외에 인수위범계(忍受違犯戒), 이진보계(以瞋報戒) 등이라고도 한다.

제22경계는 덕 있는 사람을 업신여기고 법을 가볍게 여기는 일을 금지한 것이다. 처음 출가하여 아직 불법을 이해하지 못하면서 스스로 총명하고 지혜가 있음을 믿거나, 고귀한 신분이고 나이가 많은 것을 믿거나, 훌륭한 족성과 명망 있는 가문의 출신이라는 것을 믿거나, 많이 아는 것을 믿거나, 큰 복덕으로 매우 부유하여 재물과 칠보가 풍부하다는 것을 믿거나 하여, 이것으로 인해 교만한 마음을 품고서 먼저 배운 법사에게 경율을 묻고도 그 말씀을 받아들이지 않는 일을 해서는 안 된다. 그 법사가 보잘것없는 족성(族姓)이거나, 나이가 어리거나, 사회적 지위가 낮은 집안 출신이라거나, 가난하거나, 여러 가지 감각기관을 온전하게 갖추지 못하였거나 해도, 진실로 덕이 있고 모든 경율을 다 이해하고 있으면, 처음 발심하여 배움을 시작한 보살은 법사의 종성(種姓)을 보지 말아야 할 것이며, 법사를 찾아가 제일의제(第一義諦)를 묻고 그 말씀을 받아들여야 한다. 보살은 진실로 법을 소중히 여기는 것을 우선으로 삼아야 하는데, 법사를 가볍게 여기고 업신여겨서 되겠는가. 이 계를 지의는 교만불청법계(憍慢不請法戒)라고 불렀지만, 법장과 태현은 만인경법계(慢人輕法戒)로 불렀다. 이외에 하심수법계(下心受法戒), 교불수법계(憍不受法戒) 등이라고도 한다.

제23경계는 처음 발심하여 배움을 시작한 보살을 경멸하는 일을 금지한 것이다. 법사가 스스로 경율과 대승의 학계(學戒)를 아는 것에 의지하고, 국왕과 태자와 온갖 관료와 더불어 좋은 벗으로 지내는 것에 의지하여 처음 발심하여 배움을 시작한 보살이 찾아와 경율의 뜻을 묻는데도, 업신여기는 마음이나 악한 마음이나 교만한 마음을 일으켜 질문에 낱낱이 좋은 마음으로 답변해주지 않아서는 안 된다. 보살은 처음 발심하여 배움을 시작한 보살을 찬탄하고 격려해야 하며, 멸시하거나 섭수하지 않으면 안 된다. 『보살영락본업경(菩薩瓔珞本業經)』에서는 "법사가 한 사람을 교화하여 보리심을 일으켜 보살계를 받게 하면, 그 복은 삼천대천 세계가 가득 차도록 불탑을 짓는 것보다 뛰어나다."라고 설한다. 이 계를 지의는 교만벽설계(憍慢僻說戒)라고 불렀지만, 법장은 경신구학계(輕新求學戒)로, 태현은 경멸신학계(輕蔑新學戒)로 불렀다. 이외에 호심교수계(好心敎授戒), 만심도설계(慢心倒說戒) 등이라고도 한다.

제24경계는 뛰어난 것을 두려워하고 하열한 것을 따르는 일을 금지한 것이다. 보살이 부처님의 경율인 대승법과 바른 견해와 바른 성품과 바른 법신이 있는데도, 부지런히 배우고 닦아 익히지 않음으로써 칠보(七寶)인 법재(法財)를 버리고, 도리어 그릇된 견해와 이승과 외도와 세속의 전적인 아비담(阿毗曇)·잡론(雜論)·서기(書記) 등을 배워서야 되겠는가. 이는 불성을 끊는 것이고 불도를 얻는 인연을 장애하는 것이니, 보살도를 행하는 것이 아니다. 이 계에서는 보살은 대승을 배우는 사람이라는 사실을 일깨우고 있다. 이 계를 지의는 불습학불계(不習學佛戒)로 불렀지만, 법장은 배정향사계(背正向邪戒)로, 태현은 포승순열계(怖勝順劣戒)로 불렀다. 이외에 불전이학계(不專異學戒), 습학이도계(習學異道戒) 등이라고도 한다.

제25경계는 주인의 소임을 맡아 일을 하면서 위의를 잃는 일을 금지한 것이다. 보살은 부처님께서 멸도(滅度)하신 후에 설법주(說法主)가 되거나, 행법주(行法主)가 되거나, 승방주(僧房主)가 되거나, 교화주(教化主)가 되거나, 좌선주(坐禪主)가 되거나, 행래주(行來主)가 되거나 하거든, 자애로운 마음을 내어 다툼을 잘 화해시키고, 삼보에 소속된 물건을 잘 지켜서 자기의 소유인 것처럼 절도(節度) 없이 사용하지 말아야 한다. 대중을 어지럽히고 다투게 하고, 삼보에 소속된 물건을 마음대로 사용해서는 안 된다. 이 계에서는 널리 다른 사람의 주인이 되면 인의(仁義)를 존귀하게 여겨야 한다는 점을 상기시킨다. 이 계를 지의는 불선지중계(不善知衆戒)라고 불렀지만, 법장과 태현은 위주실의계(爲主失儀戒)로 불렀다. 이외에 선어중물계(善御衆物戒), 용삼보계(用三寶戒) 등이라고도 한다.

제26경계는 빈객을 영도함에 있어서 법식을 어기는 일을 금지한 것이다. 먼저 승방에 주석하면서 나중에 손님인 보살 비구가 와서 승방이나, 사택(舍宅)이나, 성읍의 국왕의 택사(宅舍)나, 내지 하안거 때 머무는 곳이나, 큰 법회가 열리는 곳으로 들어오는 것을 보면, 먼저 주석하고 있는 스님은 오는 것을 맞이하고 가는 것을 배웅하고, 음식을 공양하며, 방사와 와구(臥具)와 승상(繩牀) 등을 모두 제공해주어야 한다. 단월이 찾아와서 대중 공양을 요청하면 객승(客僧)도 이양을 취할 몫이 있으니, 승방주는 차례대로 차출하여 객승도 공양청(供養請)을 받도록 해야 한다. 먼저 주석하는 승려가 혼자 공양청을 받고 객승을 차출하지 않으면 승방주는 한량없는 죄를 짓는 것이다. 부처님의 종성에 들어가 참여했으면 법과 이익을 함께해야 하며, 평등하게 사용해야 한다. 이 계를 지의는 독수이양계(獨受利養戒)라고 불렀지만, 법장은 대빈괴식계(待賓乖式戒)로, 태현은 영빈위식계(領賓違式戒)로 불렀다. 이외에 주객동리계(主客同利戒), 불차승차계(不差僧次戒) 등이라고도 한다.

제27경계는 다른 사람의 별청(別請)을 수락하는 일을 금지한 것이다. 어떤 경우에도 별청을 받아 이양을 자신에게 돌아오게 해서는 안 된다. 이 이양은 시방승(十方僧)에 속한 것이니, 개별적으로 공양청을 받으면, 시방승의 물건을 취하여 자기에게 들이는 것이다. 이런 행동은 시주의 한량없는 복을 손상시키고, 중승(衆僧)의 평등한 이익을 잃는 것이라고 한다. 이 계를 지의와 법장은 수별청계(受別講戒)라고 불렀지만, 태현은 수타별청계(受他別請戒)로 바꾸었다. 이외에 불수별청계(不受別請戒)라고도 한다.

제28경계는 자신이 스님을 별청하는 일을 금지한 것이다. 출가보살과 재가보살 및 일체의 단월(檀越)이 복전인 스님을 초청하여 소원을 이루고자 할 때, 승방에 들어가 지사(知事)의 소임을 맡은 사람에게 알리기를, '이제 스님들을 차례대로 초청하려고 합니다'라고 말한다면, 곧 시방의 현성승(賢聖僧)을 얻는다. 그러나 세상 사람들이 오백 명의 나한과 보살승을 별청한다면, 이는 승차(僧次)에 의해 한 명의 범부승(凡夫僧)을 초청하는 것만 못하다. 스님을 별청한다면 이는 외도의 법이다. 일곱 분의 부처님께는 별청법이란 없으니, 효도에 수순하지 않는 것이다. 이 계는 출가 보살과 재가 보살에 대해서는 직접 제정한 것이고, 일체의 단월에 대해서는 겸하여 제정한 것이라고 한다. 이 계를 지의는 별청승계(別請僧戒)라고 불렀지만, 법장은 고별청승계(故別請僧戒)로, 태현은 자별청승계(自別請僧戒)로 불렀다. 이외에 별청계(別請戒), 불별청승계(不別請僧戒) 등이라고도 한다.

제29경계는 그릇된 방식으로 생활하면서 몸을 기르는 일을 금지한 것이다. 보살은 ①악한 마음으로 이양을 위하여 남색(男色)과 여색(女色)을 판매하거나, ②손수 음식을 만들거나, ③스스로 갈고 스스로 찧거나, ④남자와 여자에 대해 점을 치고 관상을 보거나, ⑤길흉을 해몽하고 태아가 남자인지 여자인지 점을 치거나, ⑥주문을 외우고 술책을 부리거나, ⑦장인의 일을 하거나, ⑧매를 길들이는 방법을 사용하거나, ⑨화합하여 백 가지의 독약과 천 가지의 독약을 만들고 사독(蛇毒)이나 생금은(生金銀)을 만들거나, ⑩고독(蠱毒)을 지어서는 안 된다. 이 가운데 네 가지는 보살이라면 절대로 하지 말아야 할 일이며, 어떤 경우에도 예외로 인정되지 않는다. 즉 음행을 매개하는 가게를 열어 이익을 구하는 것, 매를 길들이는 방법을 사용하는 것, 독약을 화합하는 것, 고독을 만드는 것이다. 이 계를 지의는 사명자활계(邪命自活戒)로 불렀지만, 법장은 악기손생계(惡伎損生戒)로, 태현은 사명양신계(邪命養身戒)로 바꾸었다. 이외에 사명양생계(邪命養生戒), 부작사명계(不作邪命戒) 등이라고도 한다.

제30경계는 거짓으로 친근한 모습을 보이는 일과 살아 있는 것을 해치는 일을 금지한 것이다. 보살은 나쁜 마음 때문에 자신은 삼보를 비방하면서도 거짓으로 친근히 여기고 의탁하는 모습을 드러내고, 입으로는 공(空)의 이치를 설하면서 행동은 유(有)에 집착하는 모습을 보이며, 재가자를 위해 남자와 여인의 뜻을 전달하여 중매하고 음색(婬色)을 교화하도록 하면서 묶이고 집착하는 업을 지어서는 안 된다. 또 육재일(六齋日)과 매해 삼장재월(三長齋月)에 살아 있는 것을 죽이고 도둑질을 하며 재(齋)를 무너뜨리고 계를 범해서는 안 된다. 육재일은 귀신이 세력을 얻어 사람을 해치는 날이라고 여겨서 그 해침에서 벗어나게 하려고 제정된 것이다. 삼장재월은 재계(齋戒)해야 하는 석 달을 가리킨다. 즉 소양(少陽)이 권세를 부리는 달인 정월에 재계함으로써 만물을 기르며, 태양(太陽)이 권세를 부리는 달인 5월에 재계함으로써 만물을 성장하게 하며, 소음(少陰)이 권세를 부리는 달인 9월에 재계함으로써 만물을 편안하게 근본으로 돌아가도록 한다. 이 계를 지의는 불경호시계(不敬好時戒)라고 불렀지만, 법장은 위금행비계(違禁行非戒)로, 태현은 사친해생계(詐親害生戒)로 불렀다. 이외에 부작사업계(不作邪業戒)라고도 한다.

【19】

보살이 행해야 할 바를 알게 하는 아홉 가지 경계

태현은 마흔여덟 가지 경계 가운데 네 번째 아홉 가지 경계의 의미를 하나하나씩 설명한다. 제31경계는 바른 보시를 여는 것이며, 제32경계는 도리에 어긋나게 취하는 것을 막는 것이며, 제33경계는 그릇된 연(緣)을 피하는 것이며, 제34경계는 서원을 일으키고 그것을 이룰 것을 추구하는 것이며, 제35경계는 생사의 인연이 되는 것을 싫어할 것을 맹세하는 것이며, 제36경계는 험난한 곳을 여의는 것이며, 제37경계는 질서를 어지럽히는 것을 없애는 것이며, 제38경계는 이롭고 즐겁게 하는 것이며, 제39경계는 행해야 할 것을 알게 하는 것이다.

제31경계는 존귀한 것을 액난에서 구하지 않는 일을 금지한 것이다. 부처님께서 멸도(滅度)하신 후, 악한 세상에 외도와 모든 악한 사람과 도적들이 불보살과 부모님의 형상을 팔거나, 경율을 팔거나 하고, 비구와 비구니를 팔거나, 보리심을 발하고 보살도를 닦는 사람을 팔거나 하여, 혹은 관청의 심부름꾼이 되게 하고, 여러 사람에게 주어 노비가 되게 하는 것을 보면, 보살은 이런 일을 보고서 자비로운 마음을 일으키고, 방편을 시설하여 구호하며, 곳곳으로 다니면서 교화함으로써 재물을 마련하여 불보살의 형상과 비구·비구니와 보리심을 발한 보살과 모든 경율을 대신할 재물을 주어서 구해야 한다. 보살은 이미 법을 보호하고 중생을 제도할 것을 마음에 품었으니, 대신할 재물을 주지 않고 구하지 않으면 공경함과 자애로움에 어긋난다고 한다. 이 계를 지의는 불행구속계(不行救贖戒)라고 불렀지만, 법장은 견액불구계(見厄不救戒)로, 태현은 불구존액계(不救尊厄戒)로 불렀다. 이외에 구속위고계(救贖危苦戒)라고도 한다.

제32경계는 도리에 어긋나게 다른 사람의 재물을 취하는 일을 금지한 것이다. 보살은 칼·몽둥이·활·화살을 비축하거나, 본래 무게보다 덜 나가는 저울이나 본래 분량보다 덜 담기는 말(斗)로 판매하거나, 관리의 형세에 의탁하여 남의 재물을 빼앗거나 해치려는 마음으로 속박하고 공업(功業)을 이룬 것을 파괴하거나, 고양이·살쾡이·돼지·개 등을 기르는 일을 하지 말아야 한다. 이 계에서는 재산을 보호하기 위해 칼과 몽둥이 등을 비축하는 것이기 때문에 살생을 좋아하여 비축하는 것(제10경계)과 구별된다. 또 자신이 관리가 되어서 다른 사람이 공업을 이룬 것을 파괴하여 자신이 공업을 들이지 않은 물건을 수령하는 것이어서 다른 사람의 형세에 의지하는 것(제17경계)과 다르다. 또 이미 다른 사람이 준 것을 취하는 것이어서 제2중계에는 포섭되지 않는다. 이 계를 지의는 손해중생계(損害衆生戒)라고 불렀지만, 법장은 축작

비법계(畜作非法戒)로, 태현은 횡취타재계(橫取他財戒)로 불렀다. 이외에 불축손해계(不畜損害戒), 축비법기계(畜非法器戒) 등이라고도 한다.

제33경계는 의미가 없는 일을 하면서 헛되이 시간을 버리는 일을 금지한 것이다. 나쁜 마음으로 모든 남자와 여인 등에 의해 일어나는 싸움, 군대가 진을 치고 군사를 일으키는 것, 겁박하여 도둑질하는 것 등에 의해 일어나는 싸움을 보아서는 안 된다. 또 소라를 불고 북을 치며, 뿔피리를 불고 거문고를 타며, 비파를 튕기고 쟁(箏)을 타며, 피리를 불고 공후를 타며, 노래하는 것 등과 같은 기악의 소리를 들어서도 안 된다. 저포(樗蒲)·위기(圍碁)·바라색희(婆羅塞戱)·탄기(彈碁)·육박(六博)·박구(拍毬)·척석(擲石)·투호(投壺)·팔도행성(八道行城) 등과 같은 놀이를 하거나, 조경(爪鏡)·시초(蓍草)·버드나무 가지·발우(鉢盂)·촉루(髑髏) 등으로 점치는 일을 해서는 안 된다. 도적의 시자가 되어 그 명령을 전하는 일을 해서도 안 된다. 이 계에서는 모든 싸움을 보는 것, 악기를 연주하고 노래하는 것, 온갖 놀이를 하는 것, 여러 도구로 점치는 것 등을 금지한다. 그 이유는 보살이 도(道)를 성취하기 위해서는 짧은 시간도 아껴야 하는데, 헛되이 시간을 보내기 때문이다. 이 계를 지의는 사업각관계(邪業覺觀戒)로 불렀지만, 법장은 관청작악계(觀聽作惡戒)로, 태현은 허작무의계(虛作無義戒)로 불렀다. 이외에 불행방일계(不行放逸戒), 투전희희계(鬪戰嬉戱戒) 등이라고도 한다.

제34경계는 보리심에서 물러나는 일을 금지한 것이다. 보살은 금계(禁戒)를 호지(護持)하고 다니거나, 머물거나, 앉거나, 눕거나, 밤과 낮의 여섯 때에 이 계를 독송하되, 금강(金剛)처럼 견고하게 하고, 부낭(浮囊)을 허리에 매고 큰 바다를 건너려는 것처럼 해야 할 것이며, 초계비구(草繫比丘)처럼 해야 할 것이다. 항상 대승에 대한 착한 믿음을 내어, '나는 아직 깨달음을 성취하지 못한 부처님이고, 여러 부처님은 이미 깨달음을 성취한 부처님이시다'라는 것을 스스로 알고, 보리심을 내고 한 찰나도 그 마음을 떠나는 일이 없어야 할 것이니, 한 생각이라도 이승이나 외도의 마음을 일으켜서는 안 된다. 보살은 대보리심(大菩提心)이 모든 행의 근본이며, 정계(淨戒)는 삼덕(三德)의 근원임을 명심해야 한다. 이 계를 지의는 잠념소승계(暫念小乘戒)라고 불렀지만, 법장은 견지수심계(堅持守心戒)로, 태현은 퇴보리심계(退菩提心戒)로 불렀다. 이외에 불념여승계(不念餘乘戒), 퇴심계(退心戒) 등이라고도 한다.

제35경계는 서원을 일으키지 않는 일을 금지한 것이다. 보살은 항상 모든 것에 있어서 서원을 일으키고, 부모님과 사중(師衆)에게 효순해야 한다. 훌륭한 스승과 동학(同學)과 선지식(善知識)을 만날 것을 서원하고, 항상 나에게 대승의 경율과 십발취와 십장양과 십금강과 십지를 가르쳐줄 것을 서원하며, 내가 통달하여 알 수 있게 해줄 것을 서원하고, 법대로 수행할 것을 서원하면서 불계(佛戒)를 견고하게 수지하여 차라리 목숨을 버릴지언정 한순간도 마음에서 떠나는 일이 없게 한다. 이 계에서는 행을 인발(引發)하고 결과를 향해 나아감에 있어서 서원이 가장 중요한 것이라고 한다. 이 계를 지의와 태현은 불발원계(不發願戒)라고 불렀으며, 법장은 불발대원계(不發大願戒)로 불렀다. 이외에 발원희구계(發願希求戒), 불발서원계(不發誓願戒) 등이라고도 한다.

제36경계는 스스로 맹세를 일으키지 않는 일을 금지한 것이다. 보살은 열 가지 큰 서원을 일으키고 나서 부처님의 금계(禁戒)를 지니고 열세 가지 맹세를 세워야 한다. 『범망경』에는 열 가지 큰 서원의 내용은 나오지 않으며, 열세 가지 맹세는 나열되어 있다. 즉 ①모든 여인과 부정한 행위를 하지 않는 것, ②파계한 몸으로 신심이 있는 단월이 베푸는 모든 옷을 받아 입지 않는 것, ③파계한 입으로 신심이 있는 단월이 베푸는 온갖 종류의 맛있는 음식을 먹지 않는 것, ④파계한 몸으로 신심이 있는 단월이 베푸는 온갖 종류의 침상과 좌구(坐具)를 받지 않는 것, ⑤파계한 몸으로 신심이 있는 단월이 베푸는 온갖 종류의 의약품을 받지 않는 것, ⑥파계한 몸으로 신심이 있는 단월이 베푸는 천 가지 방과 집과 숲과 토지를 받지 않는 것, ⑦파계한 몸으로 신심이 있는 단월의 공경과 예배를 받지 않는 것, ⑧파계한 마음으로 다른 사람의 아름다운 모습을 보지 않는 것, ⑨파계한 마음으로 아름다운 음성을 듣지 않는 것, ⑩파계한 마음으로 온갖 향기를 탐스럽게 맡지 않는 것, ⑪파계한 마음으로 온갖 종류의 깨끗한 음식을 먹지 않는 것, ⑫파계한 마음으로 좋은 촉감을 탐욕스럽게 집착하지 않는 것, ⑬모든 중생이 다 성불하는 것이다. 처음의 열두 가지 맹세는 계를 호지(護持)하려는 것이고, 나중의 한 가지 맹세는 과(果)를 증득하려는 것이라고 한다. 이 계를 지의는 불발서계(不發誓戒)라고 불렀지만, 법장은 불기십원계(不起十願戒)로, 태현은 불생자요계(不生自要戒)로 불렀다. 이외에 작서자요계(作誓自要戒), 불서견고심계(不誓堅固心戒), 불발대서계(不發大誓戒) 등이라고도 한다.

제37경계는 고의로 험난한 곳에 들어가는 일을 금지한 것이다. 보살은 항상 봄과 가을의 두 시기에 두타행(頭陀行)을 하고, 겨울과 여름에 좌선하여 하안거(夏安居)를 맺어야 한다. 두타행을 행할 때와 제방(諸方)을 유행할 때, 항상 열여덟 가지 물건을 몸에 지니고 다녀야 한다. 두타를 행하는 시기는 정월 15일부터 3월 15일까지와 8월 15일부터 10월 15일까지이다. 두타를 행할 때는 험난한 곳에 들어가지 말아야 한다. 즉 국가적 재난이 일어난 곳, 악한 왕이 다스리는 곳, 지리적으로 위치가 너무 높거나 낮은 곳, 초목이 무성한 곳, 사자와 호랑이가 있는 곳, 물과 불과 바람 등에 의해 재난이 일어난 곳, 도둑이 출현하는 길, 독사가 있는 곳 등과 같은 일체의 위험한 곳이다. 두타행도와 마찬가지로 하안거 때 머무는 곳도 이러한 모든 위험한 곳에 들어가서는 안 된다. 몸과 마음은 불도(佛道)의 그릇이어서 함부로 훼손시켜서는 안 된다. 그러므로 두타행과 하안거를 할 때는 험난한 곳을 피해야 한다. 이 계를 지의는 모난유행계(冒難遊行戒)라고 불렀지만, 법장과 태현은 고입난처계(故入難處戒)로 불렀다. 이외에 수시두타계(隨時頭陀戒), 불입난처계(不入難處戒) 등이라고도 한다.

제38경계는 차례가 없이 자리에 앉는 일을 금지한 것이다. 보살은 법에 정해진 대로 차례대로 앉아야 한다. 먼저 계를 받은 이가 앞에 앉고, 나중에 계를 받은 이가 뒤에 앉아야 한다. 나이가 많든 적든, 신분이 높든 낮든, 계를 받은 순서에 따라 앉아야 한다. 불법에 들어간 이들은 계를 가장 뛰어난 것으로 여기기 때문에 세간에서와 다르다. 이 계를 지의는 괴존비차서계(乖尊卑次序戒)라고 불렀지만, 법장은 중생괴의계(衆生乖儀戒)로, 태현은 좌무차제계(坐無次第戒)로 불렀다. 이외에 존비차제계(尊卑次第戒), 차제계(次第戒) 등이라고도 한다.

제39경계는 이익과 즐거움을 주는 일을 행하지 않는 일을 금지한 것이다. 보살은 항상 모든 중생을 교화하여 승방·산림·동산·밭을 건립하고, 불탑을 건립하며, 동안거와 하안거 때 좌선할 곳과 일체의 불도를 수행하는 곳을 모두 건립하도록 해야 한다. 또 보살은 어떠한 재난이 있더라도 대승의 경율을 강설해야 한다. 이 계에서 강조하는 복덕과 지혜는 두 날개나 두 바퀴와 같아서 한 가지가 없으면 뛰어난 과보를 이루기 어렵다고 한다. 중생을 교화하여 불도를 수행할 곳을 세우도록 하는 것은 복덕을 닦는 행위이고, 경을 강설하여 이해를 일으키게 하는 것은 지혜를 낳는 행위이다. 복덕을 닦고 지혜를 낳는 것을 이로움이라고 하며, 법력에 의해 재난에서 구제하는 것을 즐거움이라고 한다. 이 계를 지의는 불수복혜계(不修福慧戒)라고 불렀지만, 법장은 응강불강계(應講不講戒)로, 태현은 불행이락계(不行利樂戒)로 불렀다. 이 외에 복혜섭인계(福慧攝人戒), 보시수계(布施受戒) 등이라고도 한다.

【20】

계로 섭수하고 자비로 교화하는 아홉 가지 경계

태현은 마흔여덟 가지 경계 가운데 다섯 번째 아홉 가지 경계를 두 문으로 나눈다. 제40경계부터 제44경계까지는 계(戒)에 의해 섭수하는 것이다. 제40경계는 계를 받을 만한 근기를 모두 섭수하는 것이며, 제41경계는 그릇된 것을 간별하는 것이며, 제42경계는 외적으로 보호하는 것이며, 제43경계는 내적으로 보호하는 것이며, 제44경계는 공경하는 것이다. 제45경계부터 제48경계까지는 자비에 의해 교화하는 것이다. 제45경계는 창도(唱導)하는 것이며, 제46경계는 설법하여 교화하는 것이며, 제47경계는 악을 막는 것이며, 제48경계는 바른 것을 보호하는 것이다. 이 아홉 가지 경계를 통해 보살은 자신이 행해야 할 것을 명확히 알아야 한다.

제40경계는 섭수하고 교화함에 계를 받을 수 있는 근기인데도 빠뜨려서 잃는 중생이 있는 일을 금지한 것이다. 계를 줄 때는 신분이나 성별이나 중생의 부류 등을 가려서 선택하지 말고 다 계를 받게 해야 한다. 다만 칠역죄(七逆罪)를 지은 사람에게 그러한 상태인 현재의 몸에 대해서 계를 줄 수 없다. 칠역죄는 부처님의 몸에 피를 내는 것, 아버지를 살해하는 것, 어머니를 살해하는 것, 화상(和尙)을 살해하는 것, 아사리(阿闍梨)를 살해하는 것, 갈마법(羯磨法)과 전법륜승(轉法輪僧)을 파괴하는 것, 성인을 살해하는 것 등이다. 간혹 법사의 말을 이해할 능력을 갖춘 이가 멀리서 찾아와 법을 구하는데, 보살 법사가 나쁜 마음과 분노하는 마음을 품어 일체중생계(一切衆生戒), 즉 보살계를 주지 않아서는 안 된다. 계를 받을 수 있는 근기인데도 선택하지 않고 버린다면, 섭수하고 교화하는 데 빠뜨려서 잃는 중생이 생기는 허물을 이룬다. 이 계를 지의는 간택수계계(揀擇受戒戒)라고 불렀지만, 법장은 수계비의계(受戒非儀戒)로, 태현은 섭화누실계(攝化漏失戒)로 불렀다. 이외에 불택감수계(不擇堪受戒), 간수계(簡授戒) 등이라고도 한다.

제41경계는 이치에 맞지 않게 제자를 구하는 일을 금지한 것이다. 대승의 경율에 있어서 경죄와 중죄, 옳은 것과 그릇된 것의 모양을 알지 못하고, 제일의제(第一義諦)를 알지 못하며, 습종성(習種性)과 장양성(長養性)과 불가괴성(不可壞性)과 도성(道性)과 정성(正性)을 알지 못하며, 그 가운데 있는 많고 적은 관행(觀行)과 십선지(十禪支)를 들고 나는 것 등의 일체의 행법(行法)에 대해서도 낱낱이 이 법의 정확한 뜻을 알지 못하면서도 보살이 이양을 위하기 때문에, 명예를 위하기 때문에, 이양을 탐하면서 제자를 이치에 맞지 않게 구하고 만족할 줄 모르고 구하여 거짓으로 모든 경율을 알고 있는 것 같은 모습을 보이면, 공양을 받기 위해 스스로 속이고, 다른 사람을 속이는 것이다. 이런 의도를 가지고 사람들에게 계를 전해주어서는 안 된다. 이 계는 이양을 탐하여 제자를 이치에 맞지 않게 구하는 것이어서 게을러서 분명하게 알지 못하는 것(제18경계)과 다르다. 이 계를 지의는 위리작사계(爲利作師戒)라고 불렀지만, 법장은 무덕사사계(無德詐師戒)로, 태현은 악구제자계(惡口弟子戒)로 바꾸었다. 이외에 구덕작사계(具德作師戒), 위리수계(爲利授戒) 등이라고도 한다.

제42경계는 그릇된 대상에게 계를 설하는 일을 금지한 것이다. 이양을 위해서 아직 보살계를 받지 않은 사람 앞이나 외도의 악한 사람 앞에서 천불(千佛)의 대계(大戒)를 설하지 말아야 하며, 크게 삿된 견해를 지닌 사람 앞에서도 설하지 말아야 한다. 『유가론』에서는 대승을 비방하는 이와 믿음이 없는 이에게는 경솔하게 베풀어 보이고 이해시키려고 해서는 안 된다고 한다. 그 이유는 그가 듣고 나서 믿고 이해하지 못하고 큰 무지의 장애에 가리고 덮여서 곧 비방을 일으켜, 비방으로 말미암아 한량없는 대죄업장(大罪業障)이 따라오기 때문이다. 이 계를 지의는 위악인설계(爲惡人說戒)라고 불렀지만, 법장과 태현은 비처설계계(非處說戒戒)로 불렀다. 이외에 설계간인계(說戒簡人戒), 언인설계(言人說戒) 등이라고도 한다.

제43경계는 고의로 성스러운 금계(禁戒)를 위범하는 일을 금지한 것이다. 믿는 마음으로 출가하여 부처님의 바른 계를 받고도 고의로 마음을 일으켜 성스러운 계를 해치고 범한 이는, 모든 단월의 공양을 받을 수 없고, 국왕이 다스리는 땅 위로 걸어 다닐 수도 없으며, 국왕의 국토에 있는 물을 마실 수도 없다. 5,000명이나 되는 거대한 귀신은 '큰 도둑놈'이라고 말하며, 모든 세상 사람들은 '불법 안에 있는 도둑놈'이라고 한다. 계를 범한 사람은 축생과 다름이 없고 나무토막과 다름이 없다. 그러므로 보살은 고의로 바른 계를 훼손하지 말아야 한다. 보살은 마음으로도 몰래 계를 범할 생각을 품어서는 안 되는데, 고의로 가르침을 위반해서는 안 된다. 이 계를 지의는 무참수시계(無慚受施戒)라고 불렀지만, 법장은 고훼금계계(故毁禁戒戒)로, 태현은 고위성금계(故違聖禁戒)로 불렀다. 이외에 불고훼범계(不故毁犯戒), 파계수시계(破戒受施戒) 등이라고도 한다.

제44경계는 경율(經律)을 소중하게 다루지 않는 일을 금지한 것이다. 보살은 항상 한마음으로 대승의 경율을 수지하고 읽으며 외울 것이고, 피부를 벗겨 종이로 삼고, 피를 뽑아 먹으로 삼고, 골수를 벼룻물로 삼고, 뼈를 쪼개어 붓으로 삼아 불계(佛戒)를 서사(書寫)할 것이며, 나무껍질 · 닥종이 · 명주실로 짠 흰 천 · 죽간과 비단에도 또한 써서 지니고 다니되, 항상 칠보와 값비싼 향과 꽃과 온갖 보배로 상자나 주머니를 만들어 경서(經書)와 율서(律書)를 담아야 한다. 보살은 여법하게 공양하지 않으면 안 된다. 이 계를 지의는 불공양경전계(不供養經典戒)라고 불렀지만, 법장은 불경경율계(不敬經律戒)로, 태현은 부중경율계(不重經律戒)로 불렀다. 이외에 공양경전계(供養經典戒), 불공양계(不供養戒) 등이라고도 한다.

제45경계는 유정(有情)을 교화하지 않는 일을 금지한 것이다. 보살은 항상 대비심을 일으켜 만약 모든 성읍에 있는 집에 들어가 모든 중생을 보게 되면 말하기를, "그대 중생들은 다 삼귀(三歸)와 십계(十戒)를 받아야 한다."라고 해야 하고, 만약 소 · 말 · 돼지 · 양 등의 모든 축생을 보면 마음으로 생각하고 입으로 말하기를 "너희 축생들아, 보리심을 낼지어다."라고 해야 한다. 보살은 산과 냇가와 숲과 들판의 어느 곳에 들어가서든 모두 모든 중생으로 하여금 보리심을 발하도록 해야 한다. 보살로서 중생을 교화하려는 마음을 일으키지 않으면 안 된다. 이 계를 지의와 법장은 불화중생계(不化衆生戒)라고 불렀지만, 태현은 불화유정계(不化有情戒)로 불렀다. 이외에 비심창도계(悲心唱導戒), 불교화중생계(不敎化衆生戒) 등이라고도 한다.

제46경계는 설법할 때 위의(威儀)에 어긋나는 일을 금지한 것이다. 보살은 항상 교화를 행하여 대비심을 일으켜야 한다. 단월이나 귀인의 집에 들어가거든, 모든 대중 가운데 선 채로 재가자를 위해 법을 설하지 말고, 백의(白衣)인 대중들 앞에 있는 높은 자리나 윗자리에 앉아서 법을 설해야 한다. 법사인 비구는 땅에 선 채로 사부대중을 위해 법을 설해서는 안 된다. 법을 설할 때 법사가 높은 자리에 앉으면 향과 꽃으로 공양하고, 사부대중으로서 법을 듣는 이들은 아랫자리에 앉아서 마치 부모님에게 효순하고 스승의 가르침을 공경하여 따르는 것처럼 해야 한다. 사람을 공경하고 법을 존중해야만 뛰어난 선이 비로소 생겨날 수 있다. 이 계를 지의는 설법불여법계(說法不如法戒)라고 불렀지만, 법장과 태현은 설법괴의계(說法乖儀戒)로 불렀다. 이외에 경심설법계(敬心說法戒)라고도 한다.

제47경계는 잘못된 법으로 제지하는 법을 세우는 일을 금지한 것이다. 모두 믿는 마음으로 불계(佛戒)를 받은 이로서 국왕이나 태자나 온갖 관리인 사부제자(四部弟子)들이, 스스로 고귀함을 믿고서 불법과 계율을 파괴하며, 드러내놓고 제지하는 법을 만들어내 사부제자들이 출가하여 도를 닦는 것을 허락하지 않고, 불보살의 형상과 불탑과 경율을 조성하는 것을 허락하지 않으면 삼보를 파괴하는 죄를 짓는 것이다. 예외가 되는 것은 악한 사람을 출가하지 못하게 하거나, 불상을 조성하여 시장에 파는 것을 허락하지 않는 것 등이다. 이 계를 지의는 비법제한계(非法制限戒)라고 불렀지만, 법장과 태현은 비법입제계(非法立制戒)로 불렀다. 이외에 불립악제계(不立惡制戒), 법계(法戒) 등이라고도 한다.

제48경계는 스스로 내법(內法)을 파괴하는 일을 금지한 것이다. 좋은 마음으로 출가하였거늘, 명예와 이양을 위해 국왕과 온갖 관리 앞에서 일곱 부처님께서 가르친 계를 설함으로써 그들로 하여금 도리에 어긋나게 비구·비구니와 보살계를 받은 제자의 일에 간여하여 이들을 속박시키는 일을 하게 해서는 되겠는가. 마치 사자의 몸속에 있는 벌레가 스스로 사자의 고기를 먹고 다른 외부의 벌레가 먹는 것은 아닌 것처럼 불법도 외도나 천마(天魔)가 파괴할 수 있는 것이 아니다. 불계(佛戒)를 받은 사람이라면 불계를 보호하기를 마치 외아들을 생각하는 것처럼 하고, 부모를 섬기는 것처럼 하여 훼손하고 파괴해서는 안 된다. 보살은 외도의 악한 사람이 나쁜 말로써 불계를 비방하는 것을 들을 때, 마치 300개의 창으로 심장을 찔리고, 천 개의 칼과 만 개의 몽둥이로 그 몸을 맞은 것과 같아 다름이 없는 것으로 여겨서 차라리 스스로 지옥에 들어가 백 겁을 지낼지언정 한 번이라도 나쁜 말로 불계를 파괴하는 소리를 듣는 것을 용납하지 말아야 하거늘, 하물며 스스로 불계를 파괴하고 남에게 시켜서 불법을 파괴하는 인연을 짓도록 하며, 효순하는 마음을 없애도록 해서야 되겠는가. 이 계에서는 옳고 그름을 설하여 파괴하는 것은 오직 불도(佛道)를 따르는 사람만이 할 수 있다는 것을 강조한다. 이 계를 지의는 파법계(破法戒)라고 불렀지만, 법장은 자괴내법계(自壞內法戒)로, 태현은 자파내법계(自破內法戒)로 불렀다. 이외에 애호정법계(愛護正法戒), 파법인연계(破法因緣戒), 영타득손뇌계(令他得損惱戒) 등이라고도 한다.